SCHLANK OHNE UMWEGE

FRANZISKA KNUPPE

SCHLANK OHNE UMWEGE

Wie bewusstes Essen und einfache Routinen dich endlich zum Ziel führen

Co-Autorin: Stefanie Hiekmann
Food-Fotos: Hubertus Schüler
Porträts: Ulrich Lindenthal-Lazhar

Tomaten-Kokos-Curry mit Kichererbsen

Schneller Feierabend-Burger

Chicoréesalat mit Orange und Speck

Spaghetti Puttanesca-Style

Maishähnchen mit Tomate und Mozzarella

Tomatenhirse mit gebratener Paprika

Burrata mit Gewürzgurken-Kiwi-Relish

Rote Bete mit Mozzarella und Pestosauce

Teriyaki-Hähnchen mit Gemüse

Das Knuppe-Prinzip

Meine Wohlfühlrezepte

Mein Gruß AUS DER KÜCHE

Ich liebe es, zu essen und zu kochen. Essen und die Zubereitung haben für mich einen besonderen Stellenwert im Leben und beides ist für mich ganz eng mit dem Zuhause und der Familie, mit Genuss und Wertschätzung verbunden. Zum Essen gehören Muße und Fokussieren. Essen braucht Zeit zum Kauen und Verdauen. Vielleicht bin ich deshalb schon kein Typ für schnelles Essen zwischendurch. Wenn es gar nicht anders geht und es keine Alternative gibt, verzichte ich eher mal auf eine Mahlzeit, als irgendetwas Ungesundes zwischendurch zu essen.

In meiner Familie ist das Abendessen fest etabliert. Abends kommen alle zusammen, es wird gekocht und gemeinsam gegessen (es sei denn, ich bin beruflich mit Übernachtung unterwegs) und wir tauschen uns dabei über die Ereignisse des Tages aus. Die Küche ist für mich schon immer ein Lieblingsort gewesen. Und zwar nicht, weil sich das Wesentliche ja auch bei Partys immer in der Küche abspielt, in die sich dann alle drängeln. Hier bin ich einfach gern und entspanne beim Kochen, esse mit der Familie, ziehe mich aber auch zum Arbeiten hierhin zurück, sei es für Interviews, Video-Calls, zum Abstimmen von Terminen, zum Organisieren anstehender Projekte oder auch, wenn es einem Kleidungsstück mit Garn und Nadel an den Kragen geht. Alles geht in der Küche. Schon als Kind liebte ich diesen Raum der Gerüche und Gerätschaften und schaute meinen Eltern, insbesondere meinem Vater, der meistens für uns kochte, über die Schulter.

Heute bereite ich deshalb vieles noch ganz genauso zu, wie ich es von zu Hause, also von meinen Eltern oder auch von meiner Oma, kenne – den Kartoffelsalat meines Vaters wie den Chicorée mit Orangen meiner Mutter. Dazu entdecke ich aber auch immer wieder Neues, lasse mich überall, wo ich bin, gern inspirieren und experimentiere dann zu Hause mit anderen Kombinationen.

Bevor ich mich jetzt aber von Küchenexperimenten ablenken lasse, soll es um das Eigentliche gehen: um das Essen. Und wie es genussvoll und ganz ohne Diät möglich ist, sein Gewicht zu halten oder das Gewicht langfristig wieder ins Lot zu bringen. Mit dem Knuppe-Prinzip bringe ich dir genau das nahe – und zwar sowohl als Model als auch als Genussmensch.

VON BERUFS WEGEN *schlank*

Was haben Models, Astronauten, Rennfahrer, Jockeys und einige weitere Berufssparten unabhängig von ihrem Geschlecht gemeinsam? Ihr Gewicht und das Fitting der maßgeschneiderten Kleidung spielen eine ganz entscheidende Rolle für den beruflichen Erfolg.

Models müssen ständig auf ihr Gewicht achten, jedes Kilo mehr gefährdet den fein austarierten Einsatz oder die vom Kunden gewünschten Bilder. In anderen Berufen kannst du mit zwei, drei Kilo mehr auf den Rippen immer noch zur Arbeit gehen, ein Model kann das nicht, zumindest nicht in dem Teil der Branche, in dem ich unterwegs bin.

Ich wurde in meinem Leben gefühlt tausendmal gefragt, wie ich es schaffe, bis heute immer noch so in shape zu sein, und bin mir sicher, so geht es fast jedem Model. In der Tat: Kein Mensch hat ganz von selbst das ganze Jahr über so eine Figur, wie sie für die Laufstege dieser Welt vorausgesetzt wird.

Es liegt nahe zu vermuten, dass Models übermäßig viel Sport treiben und dass das einen wesentlichen Einfluss auf die Figur hat. Tatsächlich sieht es in der Praxis so aus, dass vor allem männliche Models viel trainieren, bei den Frauen würde ich sagen, dass das wie bei mir nicht in übermäßiger Weise der Fall ist. Wer mal monatelang hart Sport gemacht hat, wird vielleicht festgestellt haben, dass damit nur sehr begrenzt Fettpolster schwinden, schon gar nicht, wenn sie innerhalb kürzester Zeit runter müssen. **Sport (allein) ist hier nicht die Lösung,** dazu müsste es schon dreimal die Woche ein Halbmarathon sein, um sicher Erfolg zu haben.

Die Modebranche ist berüchtigt, wenn es ums Essen geht. Vom mit Orangensaft getränkten Wattebausch über Crash-Diäten bis zu krassen Regelungen, wie werktags Nulldiät zu halten und sich dafür an den Wochenenden regelrecht vollzustopfen, kursieren viele Mythen über Models und ihre Essgewohnheiten. Teilweise mögen diese leider auch zutreffen. Manche hungern sich regelmäßig aufs Zielgewicht, andere wiederum halten ihr Modelgewicht kontinuierlich.

Auch unter Bodybuildern finden sich Männer und Frauen, die für ihre Auftritte in wenigen Tagen in extremer Weise abnehmen müssen. Im Bodybuilding geht es vor allem um die Definition des Körpers, also darum, Muskelstränge und Adern besonders sichtbar zu machen. Dazu wird die letzten Tage vor dem Wettbewerb praktisch nichts mehr gegessen, kaum noch was getrunken und wenige Minuten vor dem Auftritt zum Beispiel Kaffeepulver oder Ähnliches eingenommen, was die

Adern hervortreten lässt. Dann noch schön braun einsprühen lassen und auf der Bühne vor lauter Kraft und Vitalität strahlen, hinter der Bühne danach aber fast umkippen – wegen krasser Unterzuckerung oder sogar lebensgefährlicher Dehydrierung. Es gibt also Bereiche, die noch härter als das Modelbusiness sein können.

Jede neue Diät und jede neue Erkenntnis aus der Ernährungswissenschaft macht in diesen Branchen und natürlich in Modelkreisen schnell die Runde. In gewisser Weise ist hier geradezu zwangsläufig eine Vielzahl von Ernährungsexpertinnen und -experten durch tägliche Praxis gereift, die nicht nur für Hunderte von Lebensmitteln Kalorien und Kohlenhydratanteile auswendig aufsagen könnten. Das sind alles Menschen, die durch eigene Praxis den Erfolg oder Misserfolg vieler Theorien und Diäten erlebt und erlitten haben. Natürlich habe ich mich im Laufe meiner Karriere auch mit vielen Ernährungsexperten ausgetauscht oder jede Chance genutzt, mich aktuell zu informieren. Es gibt ja nahezu niemanden, den man als Model nicht irgendwann kennenlernt. Ich habe aber immer wieder festgestellt, dass unter den vielen Theoretikern mit medizinischem Doktortitel die meisten eine Figur hatten, mit der es eher nicht auf den Laufsteg geht. Ich bin zwar nicht der Meinung, dass man als Schnitzel in der Pfanne gelegen haben muss, um über Schnitzel zu sprechen, aber **von Ärzten mit ordentlich Speck auf den Hüften kann ich mir als Model wenig Motivierendes abschauen, was den praktischen Einsatz einer Ernährungslehre in meinem Beruf angeht.**

Zudem empfinde ich die meisten Theorien einfach als lebensfremd oder nicht ausreichend an individuelle Bedürfnisse anpassbar. Und genau da liegt der Hase im Pfeffer: Jede Theorie mag einen richtigen Ansatz haben, das heißt aber noch lange nicht, dass sie für den dauerhaften Einsatz in der Praxis auch funktioniert. Ich kenne persönlich zwar keine einzige Diät, von der ich sicher behaupten könnte, dass sie nicht funktioniert, wenn sie denn nur konsequent angewendet wird. Aber jede Diät führt in der Folge dazu, dass das Gewicht danach wieder hochgeht.

Kaum jemand, der mal ein paar Kilo zu viel hat, schafft es dauerhaft, wieder dünn zu werden. Und wenn es doch für wirklich lange Zeit gelungen war, dann steckte selten eine schnelle Diät dahinter, sondern eher eine dauerhafte Ernährungsumstellung. Deshalb war für mich immer klar, dass eine Crash-Diät für mich kein Weg sein kann. Das ewige

Auf und Ab, die Hungertage vor wichtigen Auftritten oder Shootings, der Stress, ob das in letzter Minute noch reicht oder der Kunde vielleicht verärgert ist, weil ein viel zu knapp geschnittenes Kleid an der einen oder anderen Stelle spannt: Das wollte ich mir nie antun. Deswegen tendiere ich seit jeher eher zur Ernährungsumstellung.

Ich habe nie wirklich Diät gelebt.

Tatsächlich habe ich, so absurd das klingen mag, in meinem Leben eigentlich noch nie eine Diät gemacht. Aber das liegt ganz sicher nicht ausschließlich an meinen Genen. Auch Leute mit angeblich guten Genen nehmen nämlich zu, wenn sie kontinuierlich mehr essen als nötig. Bekannte Ausnahme sind Menschen mit Erkrankungen zum Beispiel der Schilddrüse, wobei eine Über- oder Unterfunktion zu Über- oder Untergewicht führen kann, ohne dass der Energiehaushalt aus dem Ruder läuft. Auch ich nehme zu, wenn ich kontinuierlich mehr esse, als ich verbrauche.

Genau das habe ich damals ausprobiert. **Um es vereinfacht darzustellen, habe ich damals angefangen zu überlegen, auf welche Kleinigkeit ich dauerhaft verzichten könnte, die mir möglichst täglich eine kleine Menge an Kalorien einspart,** sodass ich dauerhaft etwas weniger Kalorien zu mir nehme (gemeint sind hier übrigens immer Kilokalorien, wenn von Kalorien die Rede ist). In meinem Fall war das vor allem ein Teilverzicht auf das Frühstück. Ich habe einfach morgens etwas weniger gegessen, kaum merklich. Morgens komme ich recht gut mit wenig oder auch mal mit gar nichts aus.

Und so habe ich mir mein eigenes Ernährungsprinzip erarbeitet, mit dem ich ohne Diät mein Gewicht stabil und meine Figur jederzeit einsatzbereit halte. Das Ganze basiert auf der einfachen Erkenntnis, dass nichts anderes als der insgesamt aufgenommene physiologische Brennwert über die Zu- oder Abnahme von Gewicht entscheidet. **Mit etwas Rechnen wird sehr schnell deutlich, dass bereits sehr kleine Schritte langfristig eine beeindruckende Wirkung haben.** Eine Schätzfrage: Was passiert, wenn du 20 Jahre lang konsequent jeden Tag 20 Kalorien zu viel isst? Rechne mal! Du hättest etwa 20 Kilo zu viel auf den Hüften! 20 Kalorien ist ein Hauch von nichts, zum Beispiel ein einzelnes Stück Schokolade, drei Gummibärchen oder ein Teelöffel Zucker.

Es gibt zwei wissenschaftlich gesicherte Methoden, das Gewicht zu korrigieren, die sich aber nur schwer kombinieren lassen. Die eine ist, nicht mehr Kalorien zu essen, als man verbraucht, die zweite ist, die Kohlenhydratzufuhr drastisch zu beschränken. Bei Letzterem darf dann zwar viel Fett und Eiweiß auf den Teller, aber eben keine Nahrungsmittel wie Brot, Reis, Nudeln, Pommes, Zucker, stärkehaltige Gemüse, Produkte mit Mehl etc. Da wird die Sache aber dann kompliziert. Denn eine dauerhafte Low-Carb-Ernährung passt zumindest bei mir überhaupt nicht zu meinen Vorlieben beim Essen. Frag mal Menschen, was sie am liebsten essen. Ich könnte wetten, in acht von zehn Fällen hörst

Entscheidend ist die Balance: Wir brauchen genussvolle Momente, die der Seele guttun, genauso wie gesunde und leichte Gerichte.

du Dinge, die voller Kohlenhydrate stecken. Ich liebe Essen für die Seele und Sachen, die richtig gut schmecken und glücklich machen. Da sind leider fast immer Kohlenhydrate drin. Und jedes Mal darüber nachzudenken, wie viele Kohlenhydrate ich an einem Tag schon zu mir genommen habe, empfinde ich als puren Stress.

Dagegen ist bereits eine sehr kleine Menge an täglich eingesparten Kalorien, also ein wirklich minimaler Verzicht in einem Bereich von wenigen Prozent, den man eigentlich gar nicht bemerkt, **auf Dauer äußerst wirksam und absolut stressfrei.**

Ich habe mir angewöhnt, liebevoll mein Essen auszuwählen und mir bei allem, was ich kaufe oder in den Einkaufswagen lege, zu überlegen, ob mir das guttut. Das dauert nicht viel länger, als schnell und hektisch einzukaufen, ist aber der erste Schritt zum Erfolg. Dass natürlich auch mal Sachen im Einkaufswagen landen, die auf keiner Empfehlungsliste der Deutschen Gesellschaft für Ernährung vorkommen, ist klar. Ich will mich nie selbst kasteien, ich will auch keinen lebenslangen Verzicht üben. Nein, ich will genießen und gesund bleiben. Aber ich möchte mich gut und gesund ernähren, daher versuche ich durch Aufmerksamkeit beim Essen einen Schwerpunkt auf gesunde, frische, regionale und saisonale Produkte zu legen und insgesamt einen ausreichend hohen Gemüseanteil in meinem Essen zu haben.

Schlanksein ist mir schon wichtig, aber eigentlich auch seit Jahren kein Thema oder Problem mehr, weil ich mit meinem Knuppe-Prinzip die seltenen Tage, an denen ich mal über die Stränge schlage, locker kompensiere. Und das ohne große Anstrengung und ganz lässig aus der Routine heraus.

Genauso wie übrigens diese Routine: In meiner Ausbildung im Hotelfach und dort speziell in der Küche habe ich gelernt, dass, bevor man anfängt zu kochen, die richtige Vorbereitung des Arbeitsplatzes besonders wichtig ist. In der Fachsprache heißt das Mise en Place. Das heißt, alles, was für ein Gericht benötigt wird, sollte vor Kochbeginn bereitstehen. Außerdem gilt, den Arbeitsplatz während des Kochens immer schön ordentlich zu halten. Genauso mache ich es noch heute und kann es nur empfehlen.

© LENA HOSCHEK

FRANZISKA

VOM HOTELFACH INS STUDIUM *zum Laufsteg*

„Ich bringe dich zur Straße, rübergehen musst du allein!"

Mit diesem Satz zitiere ich einen tollen Menschen, der an einer bestimmten Stelle in meinem Leben als eine Art entscheidender Wegweiser auftauchte. Völlig unverhofft hatte sich durch diese Begegnung ein neuer Weg aufgetan. Einer, den ich mit Anfang 20 eigentlich gar nicht vorgesehen hatte. Ich hatte mein Abitur absolviert, bereits eine dreijährige Ausbildung im Hotelfach abgeschlossen und ein BWL-Studium begonnen. Dazu jobbte ich im beliebten „Café Heider" mitten in Potsdam.

Das „Café Heider" nennt sich ganz treffend „das Wohnzimmer der Stadt", hier trifft man sich seit jeher zum Brunchen, Kaffeetrinken, Kuchenessen oder einfach, um Geselligkeit zu genießen. Als ich 1997 dort arbeitete, war das Café frisch in alter Tradition Berliner Caféhäuser renoviert und samt Terrasse immer gut gefüllt. Ich arbeitete im Service und half überall da aus, wo es angebracht war, dann und wann auch in der Küche. Mein Arbeitgeber schätzte, dass ich nicht „nur" kellnernde Studentin, sondern durch die Hotellehre vom Fach war. Model werden? War mir so gar nicht in den Sinn gekommen. Nur noch Orangensaft vom Wattebausch lutschen? Sich dem Klischee „blond, langbeinig und dumm" aussetzen? Außerdem: Models, das waren in den 1990er-Jahren Cindy Crawford, Naomi Campbell, Claudia Schiffer und Linda Evangelista. Ikonische Megastars, die teilweise in Musikvideos spielten. Spätestens nach dem legendären Foto des Fotografen Peter Lindbergh, auf dem sie alle vereint mitten in New York in Szene gesetzt waren, kannte sie die ganze Welt. 1997 war es noch keine zehn Jahre her, dass „meine" Welt sich innerhalb der Grenzen der damaligen DDR befand.

Hätte mir einer erzählt, dass ich selbst mal vor Lindberghs Kamera auf der New Yorker Brooklyn Bridge bei –12 °C posieren würde, hätte ich wahrscheinlich laut gelacht, mich einfach umgedreht und die nächste Bestellung aufgenommen.

Diese Modelwelt war (noch) nicht Teil meiner Welt – ganz gleich, dass ich als Frau mit einer Größe von über eins achtzig schon mal eine in der Branche gern gesehene Eigenschaft erfüllte.

Doch dann kam es anders und das „Café Heider" wurde der Ort, an dem ich zwei Begegnungen fürs Leben haben sollte. Der eine wurde mein Ehemann. Der andere war Modedesigner Wolfgang Joop und er hatte nicht nur das Kleid, das ich später bei meiner Hochzeit tragen würde, kreiert, sondern mich angesprochen und überraschend vorgeschlagen, mich einer Hamburger Modelagentur zu empfehlen, ich solle ihm dafür ein paar Fotos von mir geben. Das ist übrigens heute noch das, was Modelagenturen von Bewerbern anfordern: private, unverfälschte Fotos, die einen möglichst ungeschminkt und natürlich zeigen. Ich hatte mir gedacht: „Warum nicht? Ich kann's ja einfach mal versuchen!", und gleichzeitig, ohne große Erwartungen zu hegen, die Fotos an Wolfgang Joop übergeben. Ja, übergeben. In einem Umschlag, eigenhändig eingetütet. Wir befanden uns ja in einem nahezu prähistorischen und profilfreien Zeitalter ohne Smartphones, Messengerdienste und Social-Media-Plattformen.

Die Kellnerei und mein BWL-Studium endeten dann allerdings sehr schnell, denn schon einen Tag, nachdem Joop diese Fotos nach Hamburg geschickt hatte, meldete sich die Agenturchefin Heidi Gross bei mir, bekundete Interesse und sagte, ich solle doch direkt am nächsten Tag nach Hamburg zur Vorstellung kommen. Wie sollte das gehen? Ich war als gelernte Kraft mit den meisten Stunden im Café eingeplant, der Laden brummte. Die Betreiber einfach hängen lassen? Ging gar nicht! Aber das Schicksal hatte mir knapp vier Wochen vor der Begegnung mit Joop ja schon meinen zukünftigen Ehemann ins Café gesetzt – einen Potsdamer, der zu der Zeit eigentlich noch in Hamburg lebte und dessen Eltern sich, by the way, auch im „Heider" kennengelernt hatten. Wenn einem das Schicksal dann auch noch einen weltberühmten Modedesigner mit einem Silbertablett reicht, darf man das Tablett nicht fallen lassen, keine Frage. Ich organisierte Ersatz für den Service im Café und reiste nach Hamburg, wohnte kurzerhand bei meinem Freund und hatte plötzlich einen Vertrag bei der Agentur, bei der ich heute noch als Model zu Hause bin. Innerhalb nur weniger Wochen fand ich mich als deutsche Vertreterin im Wettbewerb beim „Elite Model Look Contest" in Südfrankreich wieder und hatte, noch bevor es Herbst geworden war, meinen ersten Auftrag als Model angetreten.

Ganz entspannt und ohne Kalorienzählen

Inzwischen bin ich seit rund 25 Jahren als Model tätig und stehe dazu regelmäßig in anderen Kontexten vor der Kamera, zum Beispiel für Moderationen, in TV-Shows und Filmen oder auch als UNICEF-Botschafterin. Aber von allen Routinen, die ich in meinem Alltag pflege, gehört das Kalorienzählen explizit nicht dazu. Oder würde man damit das große Promibacken im TV gewinnen?

„Franzi, du darfst doch bestimmt gar nicht normal essen in diesem Job." Solche Sätze habe ich immer wieder gehört. Die Frage ist natürlich erst mal: Was ist überhaupt normal? Wenn man mich fragt, was für mich „normal" essen bedeutet, sage ich immer, dass ich unbewusst bewusst esse. Das beinhaltet vor allem, auf den eigenen Körper zu hören und die Balance herzustellen. Wenn man sich und

Das gönne ich mir und dir natürlich auch: mal einen Latte macchiato oder sogar ein XL-Burger-Menü.

Ich genieße es sehr, wenn ich Zeit zum Kochen habe. Doch selbst, wenn es mal schnell gehen muss, kommen Fertigprodukte bei uns möglichst gar nicht erst in den Einkaufswagen.

seinen Körper realistisch erfasst und Signale versteht, balanciert man mit der Zeit intuitiv. Das heißt für mich, mir nichts zu verbieten, eine Vielfalt zu pflegen und zu zelebrieren. **Dabei ist es genauso wichtig, sich für das Essen Zeit zu nehmen und es zu genießen. Denn Essen ist auch Quality Time.** Gemeinsames und achtsames Essen im Kreis der Liebsten. Essen für die Seele mit Family 'n' Friends. Selbst zubereitete Gerichte aus frischen Zutaten in guter Qualität, am liebsten so regional und saisonal wie möglich, sind dabei für mich die wichtigste Basis.

So war es schon zu DDR-Zeiten in der Küche meiner Eltern. Es ist anfangs nicht der bequemste Weg, gerade wenn Beruf und Familie gut unter einen Hut gebracht werden wollen und es allen schmecken soll. Aber einer, der bereichert. Fast Food, industriell verarbeitete Produkte, stark gesüßte Softdrinks und Süßwaren stellen jetzt keine so empfehlenswerte Basis für eine ausgewogenen Ernährung dar, da sie oftmals nicht ausreichend Nährstoffe liefern, teilweise regelrecht bedenkliche Inhaltsstoffe enthalten, nur vorübergehend sättigen und dabei aber viele Kalorien haben. Wenn diese Nahrungsmittel längerfristig die Basis einer Ernährung ausmachen, führt das wohl bei den meisten Menschen zu einem gesundheitlichen Ungleichgewicht. Was außerdem auf der Strecke bleibt: Essen mit allen Sinnen wahrzunehmen und zu genießen.

Wer dauerhaft zu Fertiggerichten greift, die häufig zu viel Zucker oder Salz enthalten oder mit Geschmacksverstärkern hergestellt werden, verliert im wahrsten Sinne des Wortes den Geschmack. Wer regelmäßig ohne Muße und Genuss speist, verliert die Fähigkeit, aufgrund realer Signale des Körpers wie Hunger und Sättigung zu essen.

Die Aussage „Schönheit kommt von innen" hat schon ihre Berechtigung, denn die Ernährung und daraus resultierend die Gesundheit wirken sich auf Haut, Haare und Wohlbefinden aus. Ich habe früh erkannt, dass ich mich nicht nur besser fühle, sondern für den Job langfristig besser aussehe, wenn ich ein gesundes und entspanntes Verhältnis zum Essen habe und mir die Freude daran nicht nehmen lasse.

Mit leckeren Rezepten, Tipps und Tricks verrate ich dir gern, wie auch du die Challenge zum Wunschgewicht hinbekommst und es anschließend halten kannst. Das Ganze geht nicht ohne ein bisschen Theorie, ich kann aber versprechen: Dieser Teil ist extrem einfach und leicht in der Praxis umzusetzen. Schon in wenigen Wochen wirst du das in deinen Alltag eingebaut haben und langsam, aber sicher deinem Ziel entgegengehen.

In meiner Küche und bei meinen Rezepten spiegelt sich das Thema „Balance" natürlich ebenfalls wider. Entscheidend für meine Gerichte ist, dass sie der Seele guttun, dabei gesund und alltagstauglich sind. Meine Rezepte sind für die Familienküche geeignet, für gemeinsames Essen mit Gästen, es gibt aber auch viel Leichtes und Rezepte für eine gesunde Küche im schnellen Alltag für zwischendurch. Alles ist so abwechslungsreich, wie das Leben eben ist.

Das Knuppe-Prinzip: MIT KLEINEN SCHRITTEN ZUM ZIEL

Mein Knuppe-Prinzip ist keine Diät – es geht um minimale Korrekturen im Alltag, die man im Einzelnen kaum bemerkt, aber einen großen Effekt haben. Keine Angst, es geht nicht darum, für jedes Rezept auf das Gramm genau die Kalorien auszurechnen! Es geht darum zu verstehen, wo deine versteckten Potenziale liegen, endlich dauerhaft zu deinem Wohlfühlkörper zu gelangen. Wer einmal verstanden hat, wie klein die Aufgabe eigentlich ist, geht ganz anders damit um. Das ist wie morgens sieben Minuten früher aufstehen. Oder jeden Tag ein paar Hundert Meter gehen.

STEP 1
Ernährungstagebuch für 7 Tage führen

Um den möglichen Kalorienüberschuss in deiner Nahrung zu finden, solltest du erst mal sehr genau aufschreiben, was du über einen gewissen Zeitraum isst und trinkst. Am besten in einem Ernährungstagebuch oder -protokoll, in dem du alles notierst. Ganz wichtig ist dabei, kalorienreiche Routinen erkennbar zu machen, weil diese oft unterschätzt werden. Das kann die Milch im Cappuccino sein oder die Butter auf dem Brot, das Weißbrot zum Essen, Pfefferminzdragees, das Glas Orangensaft, Kekse zwischendurch oder die tägliche große Obstportion. So verschaffst du dir Klarheit über die tatsächlich zugeführte Kalorienmenge. Die Tageskalorienzufuhr solltest du danach dem für dich empfohlenen individuellen Kalorienbedarf gegenüberstellen (wie das möglichst genau geht, zeige ich dir gleich). So lässt sich relativ schnell feststellen, ob dein Kalorienbedarf im Durchschnitt eher gedeckt, über- oder unterschritten wird. Die Folgen sind bei allen Menschen im Regelfall gleich: Werden dauerhaft mehr Kalorien aufgenommen, als verbraucht oder verbrannt werden, nimmt der Mensch langsam und stetig zu.

Für deine Bestandsaufnahme ist es also empfehlenswert, einfach über einen Zeitraum von mindestens 7 Tagen alles, was du isst und trinkst, zu protokollieren. Nichts auszulassen und alles gewissenhaft festzuhalten, ist entscheidend. Penibel sollte jeder Kaugummi und jedes Stück Schokolade notiert werden. Es wird aber nicht gewertet, nur erfasst.

Um dabei das eigene Essverhalten auszuloten, lohnt es, sich ohne Ablenkung und sehr ehrlich selbst beim Essen zu beobachten. Wo und wie wird gegessen? Im Stehen, Gehen, Sitzen, Liegen? Beiläufig vor dem Computer?

An einem Tisch oder auf dem Sofa? Mit Blick aufs Smartphone, auf den TV oder sogar beides? Allein oder in Gesellschaft? Schreib dir das am besten immer dazu. Wichtig ist außerdem, dass du hinterher noch erkennst, ob du viel und oft zwischen den großen Hauptmahlzeiten isst.

Scanne also auch deine bestehenden Routinen, selbst die, die nicht direkt mit dem Essen zu tun haben, wie Uhrzeit, Rahmenbedingungen und eventuelle Nebentätigkeiten. Das kann individuell sehr unterschiedlich sein.

Du kannst deine Einträge wie im Beispiel unten am besten übersichtlich in einer Tabelle erfassen und die Parameter individuell anpassen und ergänzen.

Eine ehrliche Bestandsaufnahme ist wichtig, um sich möglicher Routinen überhaupt bewusst zu werden. Und als Hobby-Kapitänin eines Oldtimer-Bootes kann ich dich nur motivieren: Nimm deinen ungewollten Routinen das Ruder aus der Hand, werde (wieder) Käpt'n deines eigenen Lebens und bestimme zukünftig den Kurs!

Uhrzeit	Nahrungsmittel	Menge	Kalorien	Umstände
07:30	Milchkaffee	100 ml Milch, 1,5 % Fett	46	Aufstehen
08:00	Joghurt	115 g, 3,5 % Fett	80	Frühstück, im Stehen
08:00	Blaubeeren	75 g	32	Frühstück, im Stehen
08:00	Zucker	1 TL (gehäuft)	32	Frühstück, im Stehen
10:00	Cappuccino	100 ml Milch, 1,5 % Fett	46	Büro, am Arbeitsplatz
11:30	Brötchen mit Käse	30 g Käse, 1 Brötchen (50 g), Butter (30 g)	340	Büro, Pause
11:30	Cappuccino	100 ml Milch, 1,5 % Fett	46	Büro, Pause
13:15	Salat mit Hühnchen	Hähnchen, Dressing, Parmesan, Salat	565	Mittagessen mit Kollegen
13:15	Pizzabrötchen	Minibrötchen, 50 g	190	Mittagessen mit Kollegen
13:15	Cola light	kleine Flasche, 200 ml	0	Mittagessen mit Kollegen
16:30	Apfel	1 Braeburn, mittelgroß, ca. 200 g	75	Büro, Pause
...	...	...	...	...
...	...	...	...	...
			1.452	**Tageskalorien**

Abends bitte Summe bilden.

Ein Ernährungsprotokoll zum Ausfüllen kannst du hier downloaden.
https://bjvvlinks.de/8077

STEP 2

Deinen Kalorienbedarf ermitteln

Im Kern geht's darum: Bei der Ermittlung des individuellen Energiebedarfs spielen Grundumsatz und Leistungsumsatz eine Rolle. Zusammen ergeben sie den Gesamtumsatz. Beim Grundumsatz geht es um den Energieverbrauch, den der Körper ohne zusätzliche körperliche Aktivität aufbringt (zum Beispiel für Organ- und Gehirnfunktionen, Atmung, Verdauung, Körpertemperatur). Oder vereinfacht gesagt: beim Nichtstun. Ihn können wir im Vergleich zum Leistungsumsatz, zu dem jede Form der Bewegung und physische Aktivität wie Sport und körperliche Arbeit, aber auch intensive Gehirnleistungen zählt, nur gering beeinflussen. Dennoch lässt sich am Grundumsatz etwas schrauben, etwa wenn der Anteil an Muskelmasse des Körpers erhöht wird (ein Muskel verbraucht auch in Ruhe mehr Energie als beispielsweise Körperfett). Oder wenn man sich angewöhnt, weniger zu heizen und die Zimmertemperatur abzusenken. Beides allerdings ist nicht jedermanns Sache und erfordert viel Disziplin.

Was man bei allen Zahlen und Berechnungen zu dem Thema im Hinterkopf haben sollte: Wenn es um die Ermittlung des Kalorienverbrauchs geht, gibt es verschiedene Methoden, die zu mehr oder weniger genauen Aussagen führen. Eine zu 100 Prozent exakte Berechnung des Kalorienverbrauchs ist nicht möglich. Wir alle sind schließlich keine Maschinen, für die eine für alle gültige Gebrauchsanweisung existiert. Außerdem gibt es im Internet erstaunlich unterschiedliche Angaben zum Kaloriengehalt von Lebensmitteln.

Ein wissenschaftlich orientiertes Online-Tool mit einer möglichst präzisen Methode zur Berechnung des individuellen Kalorienbedarfs auf Grundlage der 1990 entwickelten Theorie der beiden Forscher Mifflin und St. Jeor findest du unter:

https://mengenrechner.de/Person/Create.

Das erspart dir Suchen und Hantieren mit den zahlreichen Formeln, die im Internet zu finden sind. Gib hier deine täglichen Durchschnittsaktivitäten möglichst genau ein. Einfacher und genauer wird das übrigens, wenn du zuvor beispielsweise deine Bewegung oder deinen Sport in der Woche ermittelst und dann einfach durch 7 Tage teilst.

STEP 3

Mit der Waage überprüfen

Durch Wiegen herauszufinden oder zu kontrollieren, wie viel dein Körper genau verbraucht, ist gar nicht so trivial. Zum einen sind da Schwankungen von 1 bis 2 Kilogramm durch mehr oder weniger Salz in der Nahrung (man sagt, 6 Gramm Salz binden etwa 1 Liter Wasser im Körper), zum anderen sind Waagen auch nicht immer unbedingt 100-prozentig genau. Richtig angewendet ist die Waage aber die beste Methode überhaupt.

Klare Empfehlung also: Wer möglichst genau wissen will, ob sich sein Gewicht nach oben oder nach unten bewegt, sollte an 7 aufeinanderfolgenden Tagen das Gewicht messen, und zwar stets jeweils zur gleichen Uhrzeit und unter gleichen Bedingungen (also zum Beispiel nach dem Aufstehen). Danach solltest du aus den einzelnen Wiegevorgängen den Durchschnitt ermitteln, am besten auch hinter dem Komma genau. Moderne Waagen leisten das. Das sollte nach 4 Wochen wiederholt werden, danach vergleichst du die beiden Durchschnittswerte. Noch präziser wird das Ganze mit einer erneuten Wiederholung des Prozederes nach weiteren 4 Wochen. Wer auf diese Weise feststellt, dass er beispielsweise jeweils in 30 Tagen 300 Gramm zugenommen hat, weiß nun, dass etwa 70 Kalorien pro Tag zu viel verzehrt wurden. Um die gleiche Menge abzunehmen, müssten 140 Kalorien täglich eingespart werden. Gelingt das dauerhaft, würden auf der Waage ein Jahr später auf diese Weise stolze 3,5 Kilo weniger zu Buche schlagen.

STEP 4

Einfach mal nachrechnen

Wie viel hast du in 4 Wochen
zugenommen/abgenommen: Gramm

Pro 100 Gramm Gewichtsveränderung hast du in den letzten 30 Tagen etwa 20 bis 25 Kilokalorien pro Tag zu viel oder zu wenig gegessen.

Grundlagen:
1 Kilo Körperfett hat etwa 7.200 Kilokalorien, 100 Gramm dann etwa 720.
Hast du dein Gewicht gehalten, war deine Bilanz ausgewogen.

Völlig egal, wie oft du bisher gescheitert bist: Dieses Mal klappt es!

Bei meinem Weg, den ich selbst das Knuppe-Prinzip nenne, geht es um Veränderung statt um Verzicht. Schritt für Schritt. **Es gibt Hunderte Möglichkeiten, etwas zu tun.** Das Entscheidende dabei: Du musst nicht mehr verzichten, sondern kannst, darfst und sollst alles essen, wonach dir ist. Wichtig dabei ist aber, dich dafür auch bewusst zu entscheiden und es in vollen Zügen zu genießen. Nicht mehr beliebig und beiläufig zu essen, sondern mit Genuss achtsam zu genießen. **Entscheidend ist, einen kleinen Schritt nach dem anderen zu machen, dafür aber konsequent.** Nimm dir die Zeit, es richtig zu machen, und etabliere Gewohnheiten, die ein kleines tägliches Minus mit sich bringen.

Das Knuppe-Prinzip: Wie geht das?

Erst mal eine sehr gute Nachricht: Wenn du zu dick bist, heißt das keineswegs, dass du sehr viel weniger essen sollst. Wie erstaunlich klein dein Problem eigentlich ist, macht eine kleine Rechnung deutlich:

Ermittle mal, wie viele Kilos du in wie vielen Jahren eigentlich zugenommen hast (zugrunde gelegt: 1 kg Körpergewicht = etwa 7.200 kcal), teile das durch die Anzahl der einzelnen Tage in den Jahren und errechne dann die Kalorien zu viel pro Tag.

Wer in zehn Jahren sukzessive 10 Kilo an Körpergewicht zugenommen hat, hat im Schnitt gerade mal 20 Kalorien täglich mehr zu sich genommen, als er verbraucht hat. Das entspricht um die 7.200 Kalorien im Jahr und folglich 72.000 Kalorien in zehn Jahren. Verursacht durch kontinuierlich 20 Kalorien zu viel täglich? Genau! Das muss man sich einmal auf der Zunge zergehen lassen.

Diese Erkenntnis können wir uns umgekehrt zunutze machen, indem gezielt der individuell empfohlene tägliche Kalorienbedarf auf Dauer geringfügig unterschritten wird. Drehen wir den Spieß also um! Wenn jemand, der bisher kontinuierlich 20 Kalorien zu viel hatte, nun etwa 120 Kalorien weniger zu sich nimmt, verliert er bereits nach eineinhalb Jahren etwa 4,5 Kilogramm. Dann allerdings ist dein Grundumsatz auch etwa um 100 Kalorien gesunken, weil du leichter geworden bist. Wenn du mehr abnehmen willst, solltest du weitere 100 Kalorien einsparen. Aber was sind schon 100 Kalorien? Nun, sie stecken zum Beispiel in etwa 200 ml Halbfettkuhmilch, Haferdrink oder hellem Bier. Diese 200 ml weniger am Tag sind absolut machbar und mit keinen großartigen Entbehrungen verbunden. Die meisten Menschen, mit denen ich bisher meine Erfahrung ausgetauscht habe, haben direkt deutlich mehr weggelassen und trotzdem absolut nichts vermisst. Das Ziel ist aber, nicht spürbar zu hungern. Das wäre kontraproduktiv.

Sich dieser Kleinigkeiten bewusst zu werden, ist schon mal der erste gelungene Schritt. Gefolgt davon, einmal die eigene Kalorienbilanz aufzustellen.

Natürlich werden einige Menschen fragen: Glaubst du denn wirklich, dass du mit

120 Kalorien am Tag abnehmen kannst? Die Antwort heißt: Ja! Ich hole mal ein bisschen aus: Seit etwa 6 Millionen Jahren entwickelt sich der Mensch. Die Evolution hat ihn durch Auslese so erfolgreich gemacht, wie er heute ist. Eine der dabei entwickelten Eigenschaften war, möglichst viel Energie aus der Nahrung zu gewinnen und diese immer besser speichern zu können. Seit wir Nahrung im Überfluss haben, wurde das zum Problem. Der Speck auf den Hüften hat seitdem massiv zugenommen. Ständiger Verführung durch Leckereien im Kühlschrank oder in der Süßigkeitenschublade hält nämlich nur der stand, der Routinen dagegen entwickelt hat. Keine einzige Diät der Welt hat es bisher geschafft, auch nach Jahren den Erfolg zu halten. Etwas mehr als 100 Kalorien pro Tag weniger zu sich zu nehmen, ist aber so einfach, dass es jeder schafft. Für viele Übergewichtige haben viel kleinere Kalorienmengen über Jahre und Jahrzehnte zu massivem Übergewicht geführt. Genau das kehren wir einfach um, indem wir fast nichts ändern außer ein paar kleinen Gewohnheiten.

Unser Körper holt das Letzte aus jeder Kalorie, ganz egal, ob wir abends oder morgens essen, ob wir 16 Stunden nichts essen und es dann in den verbleibenden 8 Stunden nachholen. Keine Studie konnte bisher das Gegenteil beweisen. Auch das zuletzt so gerühmte Intervallfasten ist in einer Studie zuletzt gescheitert. 12 Monate nach dem Intervallfasten waren die Kontrollgruppen bestehend aus zwei Gruppen zu je 150 Leuten wieder gleich schwer.*

Eine Verbrennungsreaktion im Körper ändert sich nicht mal eben durch äußere Umstände. Mich wundert das nicht: Ein Auto verbraucht auch nicht weniger Sprit, wenn ich morgens statt abends tanke oder intermittierend tanke und immer eine Woche Pause zwischen dem Tanken einlege. Auch im Menschen findet im Prinzip einfach nur eine Verbrennungsreaktion statt, durchaus mit einem Auto vergleichbar. Und die ist schwer zu beeinflussen. Am Ende eines Jahres, in dem man im Vergleich zum Vorjahr täglich 100 Kalorien weggelassen hat, fehlen in der praktisch nicht zu beeinflussenden Energiebilanz rund 36.500 Kilokalorien. Das macht sich durch ziemlich genau 3,7 Kilogramm weniger bemerkbar. Rechnerisch wären es sogar über 5 Kilo, aber durch das fortlaufend fallende Gewicht verringert sich auch der Grundumsatz. Und weil das fast unmerklich geschieht, versucht der Körper auch nicht, mit dem Jo-Jo-Effekt dagegenzuhalten. Natürlich könnte man die 5 Kilo auch in 6 Wochen abspecken, aber sie wären schon Ende des Jahres mit hoher Wahrscheinlichkeit wieder da, wo sie vorher waren: auf den Hüften.

Wer viel abnehmen will, sollte aber nach einem Jahr nachlegen und weitere 100 Kalorien einsparen, weil sonst das Tempo des Abnehmens rapide runtergeht.

* Quelle: Ärzteblatt, 2019, Helena-Studie; „Intervallfasten: Essen mit Blick auf die Uhr".

Mental Reset:

EIN GANZ NEUER BLICK AUF DEINE ERNÄHRUNG

Ein neues und positives Mindset ist dabei enorm hilfreich. Traue dir dein Wunschgewicht zu! **Erkenne deine Gewohnheiten, berechne Veränderungen möglichst exakt und gewöhne dir neue Routinen an.** So entsteht ein ganz neues Bewusstsein und du nimmst endlich langfristig ab. Besonders hilfreich sind Änderungen bei Dingen, die täglich nahezu unbewusst stattfinden, also zu Routinen geworden sind. Das kann die Wahl des Frühstücks an sich sein oder auch die Rahmenbedingungen beim Essen, die du dir neu angewöhnst. Die Entscheidung für oder gegen Zucker im Kaffee, im Tee oder in anderen Getränken, gegen Brötchen zugunsten von Haferflocken oder Müsli – die Möglichkeiten sind so vielseitig wie individuell und für jeden persönlich herauszufinden.

Routinen schaffen – aber wie?

Klingt alles so easy, wenn es geschrieben steht, aber wie macht man das? Fang oben an, beim Kopf! Er und alles, was in ihm steckt, sind deine wichtigsten Partner. Wie eine Schaltzentrale, wie eine Ampel, die die entscheidenden Signale aussendet und empfängt, sobald der entsprechende Knopf am Ampelmast gedrückt wird. Der Kopf, genauer das Gehirn, ist im ständigen Wechselspiel mit dem ganzen Körper. Insbesondere auch sehr komplex mit den Verdauungsorganen, denn über hormonelle und neuronale Signale des Magen-Darm-Trakts erhält das Gehirn Informationen wie zum Beispiel über den Grad der Sättigung. Auch der Magen funkt Sättigungssignale, wenn er gedehnt wird.

Aber zurück an den Ort, an dem Handlungen, oft genug wiederholt, als Routinen verstanden und gewissermaßen abgelegt werden: dein Gehirn. Wenn es darum geht, ungünstige und vielleicht sogar lästige Gewohnheiten loszuwerden, ist die innere Einstellung auch ein ganz entscheidender Faktor für Wohlbefinden oder Unzufriedenheit. Eine offene und aufrechte Körperhaltung und eine entspannte, freundliche Mimik können die Gefühlswelt positiv beeinflussen. Und Lächeln erzeugt meistens ein Lächeln beim Gegenüber. Ein ganz berühmter schlauer Kopf hat übrigens mal gesagt: „Probleme kann man niemals mit derselben Denkweise lösen, durch die sie entstanden sind." Anders gesagt: Wenn ich immer nur das mache, was ich schon kann, werde ich immer nur dieselben Ergebnisse erzielen.

Wenn man sich Gewohnheiten wie Trampelpfade vorstellt, dann gilt: Je länger sie

begangen wurden, desto festgetretener und härter ist ihr Boden. Das kann günstiger oder ungünstiger sein, je nachdem. Etwas ungünstiger ist die Lage natürlich, wenn wir hartnäckige Gewohnheiten abschaffen wollen. **Einem Trampelpfad zu folgen, ist schließlich leichter und bequemer, als sich erst mal einen neuen Pfad ebnen zu müssen.** Das menschliche Gehirn strebt von sich aus nämlich einen eher energiesparenden Zustand an und liebt daher Trampelpfade, also alle Routinen. Gleichzeitig ist es aber glücklicherweise stets veränderlich und deshalb in der Lage, immer wieder Neues zu lernen, das wiederum zur Gewohnheit, also zu einem Trampelpfad werden kann. Die Erkenntnis, dass das Gehirn bis ins hohe Alter veränderlich ist, ist gerade mal erst seit knapp 30 Jahren wissenschaftlich anerkannt. Davor herrschte lange die Annahme, das Gehirn sei von der Geburt eines Menschen an unveränderbar und bilde sich sogar ab dem etwa 30. Lebensjahr wieder zurück. Schön für uns alle, dass dem nicht so ist. Denn wäre das der Fall, säßen wir alle in der Routinefalle.

Ist das Gehirn mit einer neuen Aufgabe oder Information konfrontiert, kostet die Bewältigung und Verarbeitung dieser insgesamt zunächst mehr Energie – verglichen mit einer, die schon zur Routine geworden war, denn diese ist für das Gehirn ja bereits selbstverständlich, deshalb easy und damit energiesparend. **Bis sich eine neue Handlung im Gehirn als Routine etabliert hat, braucht es Wiederholungen von etwa mindestens 3 bis zu 6 Wochen.** Durch die Wiederholungen in dieser recht kurzen Zeit bilden sich die neuen Trampelpfade – beziehungsweise, wie es wissenschaftlich heißt: Es kommt zur Bildung neuer neuronaler Bahnen.

Ist so eine Routine erst mal da, weil du dir beispielsweise angewöhnt hast, keinen Zucker mehr in den Kaffee zu rühren oder vor dem Schlafengehen kein Betthupferl zu essen, wirst du das spätestens ab Woche 7 gar nicht mehr bemerken. Aber auch bei dieser Kopfarbeit kommt wieder die Balance ins Spiel. Wäre das Gehirn ausschließlich damit beschäftigt, grundlegende Abläufe dauernd neu lernen zu müssen, wären wir total überfordert. Zähneputzen ist so ein grundlegender Ablauf, eine sinnvolle Gewohnheit, die jeder von uns abarbeiten kann. Aber es kann auch sinnvoll und spannend sein, solche völlig selbstverständlichen Routinen mal zu durchbrechen. Um bei der Zahnpflege zu bleiben: einfach mal mit der ungewohnten Hand putzen (man muss das Zähneputzen ja nicht gleich aufgeben). Neues auszuprobieren und zu erleben, hält das Gehirn jung und macht dank der erfreulichen Ausschüttung von Glückshormonen nachweislich glücklich. Ganz nebenbei empfinden wir übrigens Tage mit ungewohnten oder überraschenden Abläufen und Erlebnissen spannender und teilweise sogar emotionaler, sie kommen uns rückblickend intensiver vor und wir können uns deshalb besser an sie erinnern. Diese Fähigkeit, Neues zu lernen, die sogenannte Neuroplastizität des Gehirns, ist also unser allerbester Freund in Sachen Routinen. Aber so weit sind wir jetzt bei der Ernährung noch nicht: Hier müssen erst mal neue Routinen etabliert werden.

So schaffst du Routinen, die stärker als dein Verlangen sind

Unser Gehirn will Neues möglichst schnell als Routine verinnerlichen. Anders ausgedrückt: Das ist die Macht der Gewohnheit. Das spielt uns beim Etablieren neuer Routinen natürlich wunderbar in die Hände. Neben regelmäßigem Wiederholen verstärken sich Handlungen auf dem Weg zur Routine, wenn sie anfangs mit Belohnungen verbunden sind. Gleichzeitig ist es gar nicht immer so leicht, eine unerwünschte Gewohnheit zu verändern oder loszuwerden. Aber es ist möglich, wenn man erst einmal identifiziert hat, wodurch, wann und warum die unbewusste Handlung ausgelöst wird.

Angenommen, du möchtest insgesamt weniger Latte macchiato trinken und, sagen wir, deinen Konsum auf eine Tasse am Tag runterfahren, dann hilft schon mal das genauere Ausloten, warum du eigentlich mehrmals am Tag zum Latte macchiato greifst. Weil er wirklich x-mal am Tag ein Genuss ist? Weil du vielleicht nach dem Aufstehen automatisch zur Maschine tappst und nur den Knopf drücken musst? Weil du etwas Angenehmes damit verbindest, zum Beispiel eine Pause während der Arbeit oder ein Treffen mit Freundinnen? Weil du eine Videokonferenz hast und dabei immer einen bereitstellst? Weil ein vorbeigehender Kollege anbietet, einen mitzubringen, und du einfach Ja sagst? Weil Autofahren und dein persönlicher To-go-Becher verbunden sind und an jedem dritten Rastplatz ein Latte macchiato nachgefüllt werden kann? Wer sich über die Situationen im Klaren wird, die die gewohnte Handlung wie den gesteigerten Latte-macchiato-Konsum auslösen, ist vorbereitet und wird sich zunächst leichter eine Ersatzroutine vorstellen, diese dann umsetzen und angewöhnen können und dadurch das unerwünschte routinierte Verhalten bewusst verändern.

Bei diesen Beispielen von Auslösern wäre ein Ansatz zur Veränderung beispielsweise, sich vorzunehmen, zu Hause schwarzen Kaffee zu trinken und den Latte-macchiato-Genuss auf einmal am Tag und auswärts zu verlegen. Wer wie fremdgesteuert morgens den Kaffeevollautomaten ansteuert und immer unbewusst die Latte-Taste drückt, könnte diesen automatisierten Auslösereiz stören, indem der Milchtank künftig leer bleibt oder die Art und Weise der Kaffeezubereitung geändert wird, indem ganz bewusst eine Tasse von Hand aufgebrüht wird.

Kleine Erinnerung: Schon 5 Prozent der Kalorien haben auf Dauer einen großen Effekt und können bei einem Durchschnittsesser pro Jahr knapp 4 Kilogramm mehr oder weniger auf die Waage bringen. Mit zwei Keksen täglich bist du bereits in dieser Größenordnung. Beachtest und nutzt du mehrere dieser Faktoren in Kombination, lässt sich die persönliche Kalorienaufnahme sehr deutlich verringern – ohne das Gefühl, starken Einschränkungen zu unterliegen.

Das ist besonders im Zusammenspiel mit einem neuen Bewusstsein sinnvoll, den Körper dauerhaft besser zu versorgen: mit mehr frischen Lebensmitteln wie Salat, Gemüse, Kräutern und Obst und bewusstem Genuss. **Dazu gehört auch, bewusst und langsam zu kauen und die Mahlzeiten mit Hunger- und Sättigungssignalen in Einklang zu bringen.** Genuss steht ganz oben auf der Liste, wenn es darum geht dranzubleiben. Es ist alles gut zu schaffen, wenn du erkennst, wo du am besten ansetzen kannst.

Abhängig von der persönlichen Energiebilanz muss jeder Mensch seinen eigenen Schlüssel finden, welche Routine er sich antrainieren kann, um ein paar Kalorien pro Tag ins Minus zu drehen.

Konkrete Beispiele sind:

- Milch oder Pflanzendrink im Kaffee weglassen
- Wasser als Hauptgetränk etablieren und Limonaden oder gesüßte Getränke reduzieren (egal, ob Zucker oder Süßstoff)
- Feste Zeit für einen täglichen Spaziergang einplanen, zum Beispiel in der Mittagspause
- Feste Zeiten für die Mahlzeiten etablieren
- Essen mit Hunger und Aufhören mit Sättigung (nicht um des Teller-leer-Essens wegen aufessen)
- Im Restaurant statt Weißbrot eine Alternative wählen, beispielsweise Oliven
- Sich generell für Brot auf Basis von Vollkornmehl und/oder Saaten statt auf Basis von Weißmehl entscheiden
- Das Bier oder Glas Wein am Abend auf einen festen Tag in der Woche reduzieren oder eine leckere alkoholfreie Variante etablieren (Das Auge isst und trinkt schließlich mit: Selbst gemixter Eistee on the Rocks wäre eine Idee. Oder das Wasser mit Zitrone/Limette und ein paar gefrorenen Beeren im Weinglas genießen.)
- Ist der Brotbelag dicker als die Brotscheibe, Butter-, Käse-, Wurstmenge anpassen

Wo könntest du ansetzen?

Steter Tropfen kann auch dick machen. Eine Apfelsaftschorle täglich macht doch nichts aus? Weit gefehlt: Wie stark kleine, aber kontinuierliche Veränderungen der Gewohnheiten beim Essen und Trinken am Ende ins Gewicht fallen können, zeigt diese Tabelle.

Täglicher Verzehr	**Kalorien täglich** in kcal	**Kalorien im Jahr** in kcal	**Entspricht nach 1 Jahr*** in kg
1 Riegel Schokolade (hier 25 g)	125	45.750	ca. 2,8
1 kleiner Keks zum Kaffee	74	27.010	ca. 1,7
Milch im Kaffee, 100 ml Milch, 1,5 % Fett	46	16.790	ca. 1,0
Milch im Kaffee, 200 ml Milch, 1,5 % Fett	92	33.580	ca. 2,0
Milch im Kaffee, 300 ml Milch, 1,5 % Fett	138	50.370	ca. 3,0
Milch im Kaffee, 400 ml Milch, 1,5 % Fett	184	67.160	ca. 4,0
1 Flasche Bier, 330 ml, z. B. Pils	140	51.100	ca. 3,2
1 Glas trockener Weißwein, 200 ml	144	52.560	ca. 3,3
1 Glas Orangensaft, 200 ml	88	32.120	ca. 2,0
1 kleine Flasche Softdrink	86	31.390	ca. 2,0
Betthupferl (8 Gummibärchen)	27	9.855	ca. 0,6

* 1 Kilogramm Körperfett hat eigentlich etwa 9.000 Kilokalorien. Beim Verstoffwechseln verliert der Körper etwa 1.800 Kilokalorien. Da aber auch der Grundumsatz mit jedem verlorenen Kilo sinkt, ergeben sich nach einem Jahr in etwa die Werte der rechten Tabellenspalte.

Stellschrauben, die du fast gar nicht bemerkst

Das Tolle ist: Es gibt Dinge, die sich beim Kaloriensparen nebenbei bemerkbar machen. Hier geht es um Faktoren, die wir uns zunutze machen können und die in der Summe einiges ausmachen, wenn sie regelmäßig beachtet werden. Sie können einerseits direkt im Zusammenhang mit dem Essen selbst stehen. Das betrifft etwa den Reifegrad von Gemüse und Obst (je reifer, desto süßer, desto kohlenhydrat- und kalorienreicher) oder auch die sogenannte retrogradierte Stärke. Damit ist die Stärke gemeint, die in Lebensmitteln wie Kartoffeln, Reis und Nudeln entsteht, wenn sie gekocht wurden und einmal völlig abgekühlt waren, bevor sie weiterverarbeitet und verzehrt werden. Zum Beispiel kalter Reis in Sushi-Gerichten: Er hat weniger verwertbare Kalorien als warmer Reis. Und die Kartoffeln im Salat mit etwas Brühe haben weniger Kalorien als die in heißen Bratkartoffeln.

Entscheidest du dich je nach Gericht bei der Art und Weise der Zubereitung häufiger für den Grill oder Backofen, entscheidest du dich damit jedes Mal für eine fett- und damit kalorienärmere Variante im Vergleich zum Braten in der Pfanne. Ich weiß, wovon ich rede, denn die verlängerte Küche bei mir zu Hause ist ein Grill vor der Küchentür und der wird sommers wie winters von mir bespielt. Bei Freunden übernehme ich den Job aber auch sehr gern. –5 °C Außentemperatur, Potsdamer Winter? Feuer frei, der Mais bräunt, der Fisch auch!

Eine nicht zu unterschätzende Kleinigkeit haftet auch am Boden von Pfannen und Töpfen, Schüsseln und Mixern. Eine ausgekratzte Schüssel oder Pfanne oder ein geputzter Teller, womöglich mit einem Stück Weißbrot, ist als Ausnahme sicher nicht der Rede wert, aber auch ein Kalorien-Abo, das du vielleicht nie haben wolltest.

Unabhängig vom Essen gibt es Faktoren, die sich kaloriengünstig auswirken. Das ist zum Beispiel mehr körperliche Agilität, also wie Menschen, die Hummeln im Hintern haben und sich den ganzen Tag irgendwie in Bewegung befinden. Überwiegend etwas zu machen, anstatt nur zu sitzen, wirkt sich enorm auf den Kalorienverbrauch aus, selbst bei wenig anstrengenden Tätigkeiten wie aufräumen, ein bisschen im Garten rumgehen

Das Grillen lasse ich mir auf keinen Fall nehmen! Selbst im Winter nicht.

und Blumen und Sträucher nachschneiden, oder stricken, anstatt nichts zu tun.

Temperatur ist ebenfalls ein einflussnehmender Faktor. **Eine kältere Außentemperatur kann die Kalorienverbrennung positiv begünstigen, aber auch Wechselduschen (warm beginnend, kalt endend) oder kurze Duschphasen mit kälterem Wasser trainieren den Stoffwechsel etwas und können beim Ankurbeln der Fettverbrennung unterstützen.**

Doch auch hier tickt jeder Mensch etwas anders, hat individuelle genetische Dispositionen und Lebensumstände, zum Beispiel Arbeiten im Schichtdienst oder viele Dienstreisen und Ortswechsel, denen eine pauschale Empfehlung gar nicht gerecht werden kann. Ich selbst bin unter der Woche zum Beispiel kein Fan des Frühstücks und beginne den Tag mit einem heißen Kaffee oder Tee. Am Wochenende dagegen wird das Frühstück mit Muße, Familie und allem Pipapo von Avocadocreme über Eier bis Tomaten mit Mozzarella richtig zelebriert.

Wer morgens so wie ich eher nicht hungrig ist, findet hier vielleicht ebenfalls eine Stellschraube. Nicht jeder ist versessen auf Sport- und Fitnesseinheiten. In dem Zusammenhang ist die wissenschaftliche Erkenntnis doch für alle Sportmuffel erfreulich, dass der Sport an sich nicht der überwiegende Faktor beim Gewichthalten oder Abnehmen ist. Aber keine Bewegung ist auf jeden Fall auch keine Lösung.

Wer sich zum Beispiel berufsbedingt wenig bewegt und viel Zeit sitzend verbringt, wird ganz sicher gut damit fahren, sich außerhalb des Berufs etwas Bewegung zu gönnen – ob jetzt mehrmals in der Woche gezielte Kraft- und/oder Ausdauertrainingseinheiten oder regelmäßige Spaziergänge absolviert werden oder immer wieder im Garten gewerkelt wird. Da ist es ganz ähnlich wie mit dem berühmten Kleinvieh und dem Mist: In der Summe macht es sich positiv bemerkbar, wenn in Alltagssituationen nach Möglichkeit regelmäßig die Option zur Bewegung dem passiven Bewegtwerden vorgezogen wird. Sprich, auch wenn es schon zigfach empfohlen wurde:

- Wirklich die Treppe statt den Aufzug oder die Rolltreppe nehmen
- Nach Möglichkeit aufs Fahrrad statt ins Auto steigen
- Längere Wege auch zu Fuß nicht scheuen
- Ein Ründchen mehr mit dem Hündchen drehen (Hier, ich! Dreimal am Tag.)
- Selbst bei der Hausarbeit kann man sich ein bisschen fordern und bewusst mal Kniebeugen einbauen oder sich besonders strecken.
- Vielleicht selbst einfach mal ein paar Minuten auf dem Trampolin im Garten springen, wo sonst die Kinder toben. Das bringt einen – mal ganz abgesehen davon, dass es körperlich guttut – auch ganz automatisch zum Lachen.

In Bewegung sein ist immer auch die Möglichkeit, den Kopf freizukriegen und das Gedankenkreisen zu unterbrechen.

Ständiger Begleiter durch den ganzen Tag sollte auf jeden Fall stilles Wasser sein.

Wie Kalorien gemessen werden und warum reines Kalorienzählen nicht funktioniert

Wir alle haben mehr oder weniger Übung im Kalorienzählen und wundern uns immer wieder über mehr oder weniger weit auseinanderklaffende Kalorienangaben für identische Lebensmittel, auf die wir im Internet stoßen. Hast du dir schon mal Gedanken gemacht, wie die Kalorien eines Lebensmittels überhaupt gemessen werden? Dabei kommt ein Bombenkalorimeter zum Einsatz (halbwegs professionelle Geräte gibt es übrigens für etwa 2.000 Euro). Im Inneren dieses Geräts ist ein verschlossener Hohlraum, in dem eine Probe von einem Lebensmittel bei hohem Druck und unter Zufuhr von Strom restlos verbrannt wird. Die dabei entstehende Wärmemenge erhöht die Temperatur in einem umgebenden Wassertank und das lässt sich sehr präzise messen. Daraus lässt sich der Brennwert der Probe exakt bestimmen. Um zum Beispiel herauszufinden, wie viele Kalorien ein Hähnchenbein mit Haut hat, muss eine Probe hergestellt werden, die dem tatsächlichen Verhältnis von Haut zu Fleisch entspricht. Das erfolgt, indem beides gründlich püriert wird. Dabei wird allerdings jedes Mal ein etwas anderes Ergebnis herauskommen, weil unter anderem die Menge an Unterhautfett nicht immer die gleiche sein kann. Das erklärt vielleicht auch, warum im Internet so unterschiedliche Werte zum Beispiel für Hähnchenbeine kursieren. Die Differenz zwischen einzelnen hier genannten Werten ist beeindruckend. Unterschiede von 50 bis 100 Prozent mehr oder weniger sind immer mal zu sehen.

Wenn du nun überlegst, dass bereits 2 oder 3 Prozent zu viele Kalorien in 15 Jahren zu dramatischem Übergewicht führen, weißt du, was von diesen Kalorienangaben zu halten ist. Deshalb führt der Weg beim Knuppe-Prinzip tatsächlich nur über das Verändern der Dinge, die du täglich – am besten sogar mehrfach täglich – tust. Denn nur dann weißt du, dass du wirklich weniger Kalorien aufnimmst, wenn du solche Routinen änderst. Das reine Zählen und Addieren von Kalorien wird nicht funktionieren, weil schon die Ungenauigkeiten riesig sein können. Das Weglassen von täglich wiederkehrenden Dingen wie einem Betthupferl oder zwei kleinen Pralinen zum Kaffee wird dagegen Früchte tragen, weil du dann wirklich weniger essen wirst als vorher.

Der kleine Unterschied – vom Model zum Plus-Size-Model

Manchmal, wenn ich beim Einkaufen in der Schlange stehe und mir anschaue, was vor mir aufs Band gepackt wird, habe ich mich selbst schon mal dabei „ertappt", Rückschlüsse vom Einkauf der Person auf ihre Figur zu ziehen. Ich setze „ertappt" in Anführungszeichen, weil es manchmal auch zutreffen mag, zumindest wenn ein Einkauf ausschließlich und immer wieder aus stark zucker-, fett- und kohlenhydrathaltigen Fertigprodukten besteht (sagen wir, auf dem Band reihen sich Sprühsahne an Schokoladenaufstrich, Chips, Limonaden, allerlei in Plastik Verpacktes von diversen Naschwerken bis zur fertigen Nudelpfanne). Würde ich den identischen Einkauf aufs Band legen, würde die Person hinter mir in der Reihe vielleicht denken: „Die kann wohl essen, was sie will." Aber vermutlich würde diese Person mir keine Fressattacken und Maßlosigkeit im Umgang mit Essen unterstellen.

Stark übergewichtige Menschen stehen allerdings häufig per se unter diesem Generalverdacht, tagtäglich maßlos und unbeherrscht zu essen. Dabei ist es selbst bei ihnen in der Regel eher so, dass auch sie nur ihren täglichen Kalorienbedarf decken oder eben gerade mal leicht, aber eben dauerhaft darüber liegen. Das kenne ich aus meinem persönlichen Umfeld, mitunter sind sich Übergewichtige selbst gar nicht im Klaren darüber und würden die eigene Kalorienzufuhr viel höher einschätzen, als sie tatsächlich ist.

Den Unterschied zwischen mir, einem schlanken Berufsmodel, und der übergewichtigen Person an der Kasse vor mir **machen tatsächlich möglicherweise nur wenige Kalorien mehr am Tag aus, die sich jedoch über die Jahre stark ausgewirkt haben.** Mit einem kleinen tagtäglichen Zuviel an Kalorien hätte auch ich über die Jahre zugenommen. So klein ist der Unterschied vom Model zum Plus-Size-Model.

Allen, die sich über deutlich übergewichtige Personen den Mund zerfetzen, sei hier klar gesagt: Es ist fast schon Glückssache, nahezu zufällig mit der richtigen Kalorienmenge gerade so hinzukommen. Niemals könnte man jemandem einen Vorwurf machen, weil er oder sie 50 Kalorien zu viel am Tag isst. Das entspricht zum Beispiel einem halben Glas Wein, einem halben Glas Fanta oder Cola oder einer Scheibe Wurst. Oder zwei Minipralinen. Selbst jemand mit 30 Kilogramm Übergewicht hat vermutlich über Jahre hinweg im Schnitt einfach nur solche Minimengen pro Tag zu viel gegessen.

Pro Kilogramm Körpergewicht hat der Mensch übrigens etwa 1 Kilokalorie Grundumsatz pro Stunde – dieser Wert bezieht sich auf Männer, bei Frauen sind es nur 0,9. 15 Kilogramm Übergewicht bei einer Frau bedeuten also am Tag 324 Kilokalorien mehr Grundumsatz. Deswegen – und das ist erst mal hilfreich – nehmen Menschen mit mehr Gewicht deutlich schneller ab.

So sieht der schleichende Prozess einer typischen Gewichtszunahme bei gerade mal kontinuierlich 50 Kalorien mehr, als man verbraucht, aus – und das über Jahre. Dabei addieren sich die mehr aufgenommenen – hier ein Keks, da ein Stück Käse – und die weniger verbrauchten Kalorien, zum Beispiel durch weniger Bewegung oder Rückbildung der Muskulatur durchs Älterwerden. Es gilt, diesen Prozess umzudrehen.

Beispielhafte Gewichtsentwicklung über 15 Jahre

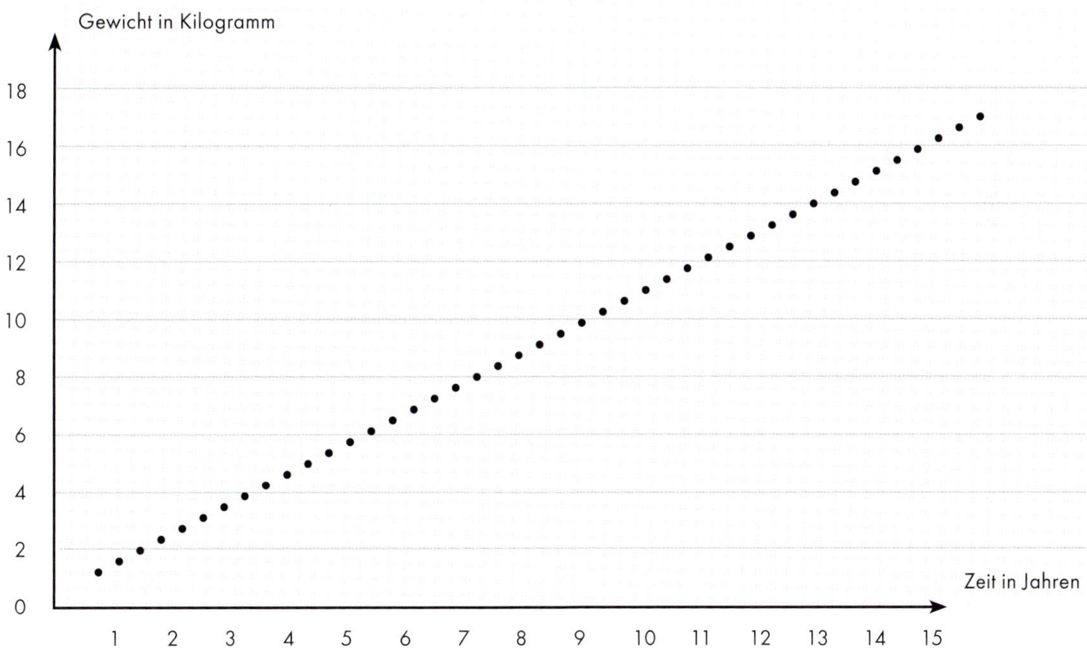

Achtsamer essen und die Balance finden

Wie achtsam isst du? Welche Gerüche sind präsent, welche Zutaten sind wahrnehmbar? Lassen sich alle Zutaten einzeln herausschmecken? Welche Sinne reagieren wie? Lässt du dir Zeit zum Kauen?

Denn auch die Faktoren „Zeit“ und „Muße“ beim Essen gehören zu den Kleinigkeiten, die sich kalorienmäßig bemerkbar machen. Wer sich beim Essen mehr Zeit lässt, richtig kaut und gut vorverdaut, bemerkt nach ungefähr 20 Minuten das Sättigungsgefühl. Dann greift man eben auch nicht mehr leichtfertig zum Nachschlag.

Die Übung mit der Rosine

Eine tolle Übung für mehr Bewusstsein und Wertschätzung beim Essen ist die sogenannte Rosinenübung. Mit ihr werden die Sinne beim Essen geschärft und sie trainiert gewissermaßen die Geduld, die verständlicherweise in diesen rasanten und zum Teil reizüberfluteten Alltagen auch mal abhanden kommen kann. Wer die Übung nicht kennt, sollte sie einfach mal ausprobieren. Statt einer Rosine kannst du natürlich auch zu etwas anderem greifen, zum Beispiel zu einem Stückchen Apfel oder einer Olive. Oder aber auch bei einer Mahlzeit des Tages den ersten „Bissen“ auf diese Weise bewusst wahrnehmen. Ganz egal, wofür du dich entscheidest, worauf es ankommt, ist, das Gewählte – ich bleibe bei der Rosine – genüsslich mit allen Sinnen zu erfassen, bevor sie gegessen wird. Und konzentriere dich während der ganzen Übung nur auf sie. Die Rosine wird erst mal nur vor dir liegend von dir betrachtet, von allen Seiten ganz genau angesehen, das Auge saugt Farbe und Beschaffenheit auf. Im nächsten Schritt wird sie in die Hand genommen und ihr Gewicht sowie Temperatur und Konsistenz werden wahrgenommen. Rolle sie zwischen den Fingern, erfasse ihre ganze äußere Struktur. Dann kommt der Geruchssinn dazu, mit dem du den Duft der Rosine bewusst aufnimmst, bevor du die Rosine zwischen die Lippen legst. Und auch hier wird noch mal, wie schon zuvor mit den Fingern, die ganze Konsistenz bewusst nur mit den Lippen wahrgenommen. Genauso verfährst du, wenn die Rosine im Mund angekommen ist: nicht direkt zerbeißen, sondern noch einen Moment auf der Zunge spüren. Beim Zerbeißen wird schließlich am besten jedem einzelnen Bissen nachgespürt. Fühlt sich jeder Bissen gleich an? Erst wenn die Rosine mindestens 30 Mal zerkaut wurde und richtig zerkleinert ist, wird sie heruntergeschluckt.

Diese Übung ist ein empfehlenswerter Reminder, auch für jeden, der vielleicht nicht gerade schlingt, aber mal ein bisschen aus dem sonst positiven Tritt gekommen ist und in Stressphasen häufiger zum Schnell- und Nebenbeiessen neigt.

Wenn ich beruflich unterwegs bin, esse ich gezwungenermaßen anders, als ich zu Hause selbst koche. Alle vor allem beruflich bedingt reisenden Menschen kennen das: schnell unterwegs etwas essen, vielleicht sogar hektisch im Gehen. Ich neige nicht so zu Fast Food und Essen im Vorbeigehen, da ich mir gern Zeit fürs Essen nehme. Ich liebe aber Burger und genieße ab und an auf Reisen einen ganz für mich allein per Room Service im Hotelzimmer, wenn die Speisekarte des Hotelrestaurants es hergibt. Zu Hause gibt es so gut wie nie welche. Insofern zelebriere ich diese Gelegenheitsgewohnheit immer sehr bewusst. Warum ich das erwähne?

Das ist ein gutes Beispiel meiner Routinenpraxis. Auch hier gilt wieder: Die Balance ist entscheidend. Den Burger gönne ich mir ganz bewusst, er ist etwas Besonderes und soll es auch bleiben, also nicht zu einer häufigeren Gewohnheit werden. Am nächsten Tag steht sicher etwas Leichteres wie ein knackiger Salat mit Hühnchen auf meinem Speiseplan. Ein ähnliches Verhältnis habe ich zu Paniertem: Mein Must-have ist ein Wiener Schnitzel. Ich suche und finde das beste, egal, wo ich bin. Ich bereite das zu Hause aber auch sehr gern selbst zu. Es gehört für mich bevorzugt in Butterschmalz gebraten. Manche Gerichte müssen einfach unverändert zubereitet werden, so wie sie immer schon bei uns gemacht wurden. Bei anderen Lebensmitteln, zum Beispiel bei Sahne, greife ich dagegen gern zu einer nährstoff- und kalorienmäßig günstigeren Alternative, vor allem, wenn es um die Zubereitung von Saucen geht. Damit meine ich keinesfalls Light-Produkte, sondern pflanzenbasierte Alternativen, wie es sie unter anderem auf Basis von Hafer gibt.

Das alles hat ebenfalls mit Balance zu tun: immer wieder Entscheidungen zu treffen, wie Gerichte zubereitet werden. Und wenn ich Butterschmalz bei einem Gericht bevorzugt verwende, heißt das nicht, dass Butterschmalz grundsätzlich beim Kochen zum Einsatz kommt.

Ein paar Anregungen, die dich im Alltag beim Umsetzen unterstützen können:

- Essen nicht als Selbstverständlichkeit verstehen
- Häufiger mit Muße einkaufen und Gerichte zubereiten
- Nicht beiläufig essen
- Eigene Neugier wecken und Neues beim Essen und Kochen ausprobieren
- Was nicht griffbereit ist, kann nicht zur Falle werden: „Zuckerfallen" vermeiden, Naschvorräte abschaffen (Stichwort: Süßigkeitenschublade)
- Bei gewohnheitsmäßigem Griff zum Essen in Relation stellen: Welchen Benefit gibt dir dieses oder jenes Nahrungsmittel eigentlich? Kann etwas, das langfristig nur ungesunde Auswirkungen für dich haben könnte, wirklich für Genuss stehen?

Warum anders essen zufriedener machen kann

In der Philosophie gibt es den Begriff davon, dass es nicht nur die Freiheit von etwas gibt, sondern auch die Freiheit zu etwas. Der Mensch kann sich also, vereinfacht gesagt, frei – im Sinne von unabhängig – von etwas machen. Und er ist frei darin, etwas zu tun.

Diesen Freiheitsgedanken kannst du dir mal im Zusammenhang mit deinem Essverhalten bewusst machen: **Es ist nicht nur möglich, bewusst zu essen, sondern auch bewusst NICHT zu essen.** Damit ist jetzt kein Stopp der Nahrungsaufnahme gemeint. Es geht wieder um die Kleinigkeiten. Die vielen kleinen Krümel, die einen Keks ergeben. Und gleichzeitig um das Wahrnehmen deines Körpers. Aus dem Munde eines Berufsmodels klingt der Rat, auf sein Bauchgefühl zu hören, vielleicht beim ersten Hören nicht überzeugend, entspricht aber genau dem, was mir durch meine Eltern vermittelt wurde und was ich selbst als Mutter weitergebe.

Um unbewusst bewusst Entscheidungen treffen zu können, muss die Intuition stimmen und das Körpergefühl hergestellt sein.

Einem gesunden Gefühl beim Essen zu folgen, setzt grundsätzlich voraus, dass du zwischen Hunger und Appetit unterscheidest. Und auch deinen Körper zu kennen oder kennenzulernen und zu erfahren, welche Nahrungsmittel du selbst überhaupt und zu welcher Zeit gut oder eben nicht gut verträgst. Das kann schon mal zu der Erkenntnis führen, dass du etwas besser oder weniger gut verträgst, als angenommen oder allgemein empfohlen wird.

Ich nasche zum Beispiel regelmäßig am Abend noch einen Apfel, wovon häufig abgeraten wird, da Obst oder Rohkost spätabends eventuell nicht mehr richtig verdaut wird und Gärungsprozesse in Gang gesetzt werden, die einem den Schlaf rauben können. Im Zweifel ausprobieren und feststellen, ob es persönlich bekommt oder nicht.

Zurück zur Balance beim Essen. Wenn wir am Beispiel meiner Vorliebe für Burger und Wiener Schnitzel festhalten, wäre natürlich alle Balance dahin, wenn sie tagtäglich zu meinem Speiseplan gehören würden. Mal abgesehen davon, dass das kulinarisch jeden Zauber nehmen und sich aus der Vorliebe etwas sehr Langweiliges entwickeln würde, würden Körper und Geist sich schneller wehren, als ich bestellen könnte.

Hast du dich erst mal auf die Signale deines Körpers eingelassen und sie entschlüsselt, wird dieser sich fast wie automatisch nach einem Tag oder mehreren Tagen mit üppigeren Mahlzeiten eher nach etwas Leichterem sehnen. Dadurch stellt sich auf Dauer ein wunderbarer Ausgleich ein, ohne dass ein Gefühl, verzichten zu müssen, überhaupt erst aufkommt.

An Heiligabend eine traditionelle Weihnachtsgans aus dem Ofen, vielleicht Rot- oder Grünkohl dazu und Kartoffelknödel: Das ist ein herrliches Festmahl! Darauf würde ich nicht verzichten wollen. Aber genauso wenig würde ich an den folgenden Tagen weiter Gans oder etwas vergleichbar Fettiges und Deftiges essen wollen. Stattdessen gibt es etwas wie eine frische, klare Hühnersuppe für alle, separat dazu Reis oder Nudeln, sodass jeder die Wahl hat, ob die eigene Suppe mit Zusatzeinlage genossen wird oder nicht. Alternativ ist auch ein einfaches, aber köstliches Abendbrot immer eine willkommene und herzhafte Idee, die den Hunger stillt und nicht so schwer im Magen liegt. Die gute alte Stulle mit ein paar Gürkchen eben. Wer mich etwas besser kennt, weiß, dass mir eine gut belegte Stulle oft lieber ist als jede süße oder salzige Nascherei. Brot ist definitiv fester Bestandteil meiner Küche, allerdings achte ich immer auf hochwertige Zutaten und verwende bevorzugt Vollkorn- oder Dinkelmehle sowie Saaten und Körner. Brot und Backwaren sind für mich gute Beispiele für Lebensmittel, die man sich selbst der Figur wegen gar nicht verbieten muss, aber eben mit einem Bewusstsein für Balance genießen sollte. Statt aus Gewohnheit täglich Süßgebäck zu essen, lege lieber einen Tag in der Woche fest, an dem es Kuchen oder Ähnliches gibt. Und zelebriere dann diesen Genuss ganz besonders.

Mit einer ritualisierten und achtsamen Herangehensweise beim Essen bringst du nicht nur dir selbst und deinem Körper Wertschätzung entgegen, sondern pflegst zudem einen **wertschätzenden Umgang mit Lebensmitteln.** Solche bewussten Entscheidungen unterstützen den Prozess, die persönlichen Essensbedürfnisse besser einordnen zu können, den Unterschied zwischen einem echten Hungergefühl und Appetit bewusst zu erkennen und beim Essen zu berücksichtigen.

Probiere es mal: mehrfach am Tag achtsam sein. Und in Ruhe genießen.

Dein Freund: ein konstant niedriger Blutzuckerspiegel

Ob wir nach dem Essen schnell wieder Hunger haben, hängt vom Blutzuckerspiegel ab. Fällt dieser rasant, entwickeln wir Heißhunger. Vermeiden lassen sich diese Attacken, indem auf die für den Körper schnell verfügbaren Kohlenhydrate verzichtet wird. Ideal dafür sind Lebensmittel mit einer niedrigen glykämischen Last. Wer also gesüßte Cola trinkt, Kuchen und Weißmehlprodukte isst, wird sehr viel schneller Hunger haben als jemand, der sich mit ballaststoffreichen Nahrungsmitteln mit niedriger glykämischer Last und Vollkorn ernährt. Bereits drei Tage mit konsequentem Verzicht auf Zuckerreiches oder einfache Kohlenhydrate genügen, um Heißhungerattacken praktisch auf null herunterzufahren. Mit einem ausgewogenen niedrigen Blutzuckerspiegel ist es dann sehr viel einfacher, sich vernünftig zu ernähren.

Was unser Hungergefühl ebenfalls maßgeblich beeinflusst, ist die Dehnung des Magens selbst. Wird der Magen nämlich über ein gewisses Maß hinaus gedehnt, wird dem Gehirn signalisiert, das Hungergefühl herunterzufahren. Deswegen sind kalorienarme Nahrungsmittel wie Salate und Gemüse in doppelter Art vorteilhaft: Sie bringen Volumen, haben dabei aber gleichzeitig wenig Energiedichte. Auch Getränke helfen dabei, diesen Effekt zu verstärken. Sie sind aber nicht in gleicher Weise wirksam wie Feststoffe, weil sie den Magen auch sehr viel schneller wieder verlassen.

Was sind glykämischer Index (GI) und glykämische Last (GL)?

Der glykämische Index (GI) ist ein Faktor, der Auskunft darüber gibt, wie schnell die Kohlenhydrate in einem bestimmten Lebensmittel im Körper verstoffwechselt werden.

Der GI ist ein Vergleich eines Lebensmittels mit reiner Glucose (Traubenzucker). Der Blutzuckeranstieg im Blut nach 100 Gramm Traubenzucker ist der Referenzwert 100. Steigt der Blutzucker nach 100 Gramm von einem Lebensmittel nur die Hälfte an, ist der GI 50.

Der Wert für die glykämische Last (GL) eines Lebensmittels (siehe Tabelle rechts) berücksichtigt nicht nur den glykämischen Index, sondern auch, wie hoch der Anteil an Kohlenhydraten im Lebensmittel überhaupt ist. Je niedriger der Wert ist, umso besser sättigt das Lebensmittel, während ein hoher Wert schnell wieder hungrig machen würde.

Generell ist es sinnvoll, den Anteil an Lebensmitteln mit niedriger glykämischer Last zu erhöhen. Als niedrig gelten Werte bis 10. 11 bis 19 gelten als mittlere Werte, alles über 19 ist hoch.

Lebensmittel und ihre glykämische Last

(KH/100)

Gemüse und Salate		
Aubergine	<1	🟢
Avocado	<1	🟢
Blumenkohl	<1	🟢
Brokkoli	<1	🟢
Chicorée	<1	🟢
Feldsalat	<1	🟢
Fenchel	<1	🟢
Gurke	<1	🟢
Karotte, gekocht	8	🟢
Karotte, roh	3	🟢
Kartoffel, gegart	11	🟡
Knoblauch	9	🟢
Maiskörner (aus Dose, Glas)	8	🟢
Paprika	<1	🟢
Porree/Lauch	<1	🟢
Rote Bete	3	🟢
Salat, grün	<1	🟢
Sellerie, Knolle, gekocht	6	🟢
Spinat	<1	🟢
Süßkartoffel	12	🟡
Tomate	<1	🟢
Zucchini	<1	🟢
Zwiebeln	<1	🟢

Fleisch		
z. B. Hähnchen, Rind	<1	🟢
Wurst- und Fleischwaren	<1	🟢

Fisch		
z. B. Lachs, Thunfisch	<1	🟢

Öle		
Butter, Olivenöl, Rapsöl	<1	🟢

Hülsenfrüchte		
Bohnen, grün	2	🟢
Bohnen, rot (Kidneybohnen)	6	🟢
Bohnen, schwarz	15	🟡
Bohnen, weiß, gegart	7	🟢
Erdnusskerne	1	🟢
Kichererbsen (Dose)	4	🟢
Kichererbsen, getrocknet	14	🟡
Linsen, braun	12	🟡
Linsen, gelb	12	🟡
Linsen, grün	10	🟢

Brot, Getreide, Nudeln, Reis		
Brötchen	39	🔴
Dinkelbrot	19	🟡
Milchbrötchen	33	🔴
Pumpernickel	20	🔴
Roggenbrot (aus Sauerteig)	19	🟡
Roggenvollkornbrot	21	🔴
Weißbrot	41	🔴
Bulgur, gekocht	38	🔴
Couscous	46	🔴
Dinkel (Vollkorn)	26	🔴
Hafer	22	🔴
Haferflocken	24	🔴
Pasta (Spaghetti)	41	🔴
Quinoa	21	🔴
Basmatireis	14	🟡
Brauner Reis	16	🟡
Langkornreis	16	🟡
Risotto	24	🔴
Weißer Reis	15	🟡

Milchprodukte		
Milch	2	🟢
Joghurt, 0,3 %, entrahmt	1	🟢
Quark, 40 %	1	🟢

Milchersatz		
Kokosmilch	2	🟢
Mandeldrink	2	🟢
Sojadrink	<1	🟢

Nüsse, Kerne, Samen		
Erdnusskerne	1	🟢
Kürbiskerne	4	🟢
Leinsamen, Sesam, Mohn	1	🟢
Mandelmus	1	🟢
Mandelkerne	<1	🟢
Nüsse, allgemein	2	🟢
Pinienkerne	1	🟢
Pistazien	3	🟢
Sesammus (Tahin)	4	🟢
Sonnenblumenkerne	7	🟢

Obst		
Apfel	4	🟢
Apfelsine, Orange	4	🟢
Banane	12	🟡
Banane, reif	13	🟡
Birne	3	🟢
Brombeeren	2	🟢
Erdbeeren	1	🟢
Heidelbeeren	2	🟢
Himbeeren	2	🟢
Kiwi	5	🟢
Mandarine, Clementine	3	🟢

🟢 Sehr empfehlenswert, langsamer und geringer Anstieg des Blutzuckers.
🟡 Okay, aber besser nicht ständig, täglich und unbegrenzt essen.
🔴 Schneller, deutlicher Anstieg und dann Abfall der Blutzuckerwerte. Das führt zu vermehrtem Heißhunger.

Mein Knuppe-Prinzip
IN KURZFORM

NUR WENIGE SCHRITTE, UM ENDLICH DEIN ZIEL ZU ERREICHEN!

Bevor du loslegst:

- Wiege dich, bevor du startest, 7 Tage jeden Tag zur gleichen Uhrzeit (am besten nach dem Aufstehen) auf einer präzisen Digitalwaage und errechne daraus dein Durchschnittsgewicht. Wiederhole das zur Kontrolle alle 4 Wochen.

- Notiere 7 Tage lang die täglich zugeführte Kalorienmenge auch mit exakten Mengen und Lebensmitteln. Halte dabei fest, wann du isst, wo du isst und was du dabei gerade machst. Halte das in einem Protokoll oder Tagebuch fest, am einfachsten in einer Tabelle (Tag, was gegessen, wie viel davon, Uhrzeit, wo und was dabei gemacht).

- Formuliere dein präzises Zielgewicht: Wie viel genau willst du abnehmen?

- Überlege, in welcher Zeit du zugenommen hast. Dabei können ältere Fotos hilfreich sein. Berechne, wie viele Kilokalorien du pro Tag zu viel gegessen hast. Dabei hilft dir der rechts genannte Link auf den Kalorienrechner.

- Spüre die Dinge in deinem Essprotokoll auf, die du täglich oder mehrfach wöchentlich verzehrst, auf die du verzichten könntest, ohne dass es dich wirklich quälen würde.

- Errechne daraus die mögliche Kalorieneinsparung pro Tag.

www.bjvv.de/kalorienrechner

Hier kannst du einfach nur kurz deine Werte und Ziele eingeben, um zu sehen, wie lange es dauert, bis dich deine Kalorieneinsparung zum Ziel führt. Und du kannst berechnen, wie hoch dein Tagesbedarf an Kalorien rechnerisch ist.

- Willst du schneller zum Ziel: Überlege, ob du auch auf mehr verzichten kannst, und rechne neu. Viel wichtiger als die Zeit, die es dauert, ist aber, dass es dauerhaft so bleibt. Dafür sind die erlernten Routinen so wichtig.

- Achte darauf, dass du bei deinen Hauptmahlzeiten rundum satt und zufrieden wirst. Essen soll dir weiterhin Freude, Genuss und Befriedigung bringen. Bei den Hauptmahlzeiten solltest du höchstens am Brot, an kalorienreichen Getränken und an riesigen Mengen kohlenhydratreicher Beilagen sparen.

Ein Beispiel

Du hast 10 Kilo in 10 Jahren zugenommen. Dann rechne: 10 Kilos × 7.200 kcal (1 kg Körperfett hat etwa 7.200 kcal). 10 Kilo ergeben also 72.000 Kalorien zu viel in 10 Jahren. Jetzt rechnest du aus, wie viele Tage 10 Jahre sind: 10 Jahre × 365 Tage = 3.650 Tage. Anschließend teilst du die errechneten Gesamtkalorien durch die Tage: 72.000 kcal : 3.650 Tage = etwa 20 kcal zu viel pro Tag.

Allerdings ist dein Energiebedarf mit jedem Kilo mehr um circa weitere 20 bis 25 kcal gestiegen. So haben sich nach 10 Jahren immerhin 220 kcal zu viel pro Tag angesammelt.

Beim Abnehmen verbrauchst du dann pro Kilo, das du verlierst, wieder weniger. 220 kcal wären ein Beispiel, die du locker einsparen könntest, wenn du vier Cappuccinos täglich weglässt.

Die 10 Kilos wärst du also nach zwei Jahren los, ohne auch nur einen einzigen Tag Diät zu leben. Du hast nur auf eine kleine Angewohnheit verzichtet.

Übergewicht

10 × 7.200 = 72.000

10 × 365 = 3.650

72.000 : 3.650 = 19,79

ca. 20 Kilokalorien zu viel pro Tag

anvisierter Gewichtsverlust

10 × 7.200 = 72.000

72.000 : 200 = 360

× Faktor 0,5
(weil du mit jedem Kilo weniger etwa 20 bis 25 kcal weniger verbrauchst)

Gewichtsverlust mit dem Knuppe-Prinzip: 10 kg in 2 Jahren

www.bjvv.de/kalorienrechner

- Beginne damit, dich zu mehr Aufmerksamkeit beim Einkaufen, Zubereiten und Essen zu erziehen. Fange an, Zutatenlisten zu lesen, und lass Dinge mit vielen unbekannten Inhaltsstoffen stehen. Versuche, den Anteil frischer, regionaler, nährstoffreicher Lebensmittel zu erhöhen. Verringere Ungesundes wie unnötige Zuckermengen in gesüßten Getränken (auch Orangensaft) und übermäßigen Obstverzehr. So lassen sich mit der Zeit auch im Umgang mit besserem gesundem Essen Routinen erlernen, die später in Fleisch und Blut übergehen.
- Erstelle eine Motivationsliste und schreibe alles auf, was für dich besser wird, wenn du dein Ziel erreicht hast. Versuche, nie zu überlegen, wie lange es noch dauert, sondern fühle dich einfach gut, wenn du wieder einen Tag auf dem Weg zur neuen Routine geschafft hast. Es ist immer nur ein Tag, der vor dir liegt. Und den schaffst du wie den Tag gestern und wie den Tag heute. Mehr geht nicht. Du kannst also stolz sein. Bevor du schwach wirst: Schau auf deine Motivationsliste! Lohnt es sich, für ein paar Bissen und ein paar Mal Kauen schwach zu werden?

1. **Die Kilos, die du über Jahre zugelegt hast, wirst du auch ohne Diät mit kleinen Veränderungen in absehbarer Zeit wieder los.**
2. **Ändere deine Routinen nur ein bisschen und du wirst in der Zukunft nicht mehr zunehmen.**
3. **Mein Wunsch: Macht Menschen mit Übergewicht Mut. In aller Regel haben sie über Jahre nur minimal zu viel gegessen.**

Du wirst sehen: Es ist ganz einfach und hat mit den Entbehrungen einer Diät nichts zu tun. Du erziehst dich nur zu einem ganz kleinen, aber entscheidenden Teil durch ein bisschen mehr Disziplin.

In meiner über 20-jährigen Modelkarriere habe ich vielen Freunden, Bekannten und Interessierten mein Konzept erklärt. Bei vielen davon – natürlich nicht bei allen – konnte ich irgendwann später hören und sehen, dass sie die Kurve gekriegt haben. Und oft habe ich später gehört, dass es eigentlich ganz einfach war. Einige haben mein Prinzip auch verwendet, um weiter Jo-Jo zu spielen. Sie nutzen meine Methode, um jahreszeitliche kleinere Gewichtszunahmen ohne Stress wieder in den Griff zu kriegen. Nicht ganz mein Prinzip, aber auch okay, oder?

Irgendwann werden die Leute, wenn du länger alles richtig gemacht hast, vermutlich zu dir sagen: „Du kannst ja essen, was du willst, du nimmst halt einfach nicht zu." Spätestens dann hast du es wirklich geschafft.

Auf den folgenden Seiten stelle ich dir die Gerichte vor, die ich liebe und mit denen ich mein Gewicht halte. Und denke bitte nicht, dass ich Zwergenportionen davon esse. Du wirst sehen: Es ist die pure Genussküche, denn Gewicht halten und Gewicht verlieren geht nur über Genuss und Balance. Ohne Genuss würdest du es nicht schaffen, dieses neue Denken und Handeln zur Routine zu machen. Es soll dir besser dabei gehen, als es dir vorher gegangen ist. Dann wirst du gern weitermachen und immer wieder neue Routinen verinnerlichen.

Dich erwartet keine komplizierte Sterneküche, sondern du findest alltags- und familientaugliche Rezepte, die immer machbar sind. Mal schnell und einfach, mal mit etwas mehr Muße, zum Beispiel wenn mit Gästen gegessen wird. Darunter sind auch Klassiker, die neu und modern abgemischt sind und häufig einen gesünderen Twist haben. Ein modernes Crossover mit vielen Anleihen aus der Heimatküche meiner Familie. Aber alle Gerichte sind vor allem immer auch Futter für die Seele.

Ein ganz wichtiger Teil meiner Ernährung ist Genuss, denn ohne den würde ich mich ständig eingeschränkt fühlen. Wer nach seinen Hauptmahlzeiten ausreichend zufrieden und gesättigt ist, kann viel leichter auf die Kalorien zwischendurch verzichten. Denn die sind es, die dich aus der Balance bringen. Wenn du also nicht genau weißt, was du kochen kannst, damit auch deine Seele satt wird und deine Familie gleich mit, kannst du dich gern an meinen Rezepten bedienen. Sie machen Spaß, sind insgesamt abwechslungsreich und gesund.

REZEPTKATEGORIEN Unter der Rezeptanleitung findest du Hinweise, ob das Gericht ohne Gluten oder raffinierten Zucker auskommt. Dabei wurden solche Produkte als sojafrei gewertet, die es üblicherweise sind. Bei Gemüsebrühe, Fischsauce und Backpulver gibt es glutenfreie Varianten. Ferner wird angegeben, ob das Gericht vegetarisch oder vegan ist. Achtung bei roter Thai-Currypaste, die ist zwar meistens vegan, es gibt jedoch auch Zubereitungen mit Garnelenpaste. Ein Blick auf die Zutatenliste ist nie verkehrt und schützt vor Überraschungen.

INFO Unter jedem Rezept findest du eine Angabe zum Kaloriengehalt und zu den Nährwerten. F = Fette, E = Eiweiße, KH = Kohlenhydrate, B = Ballaststoffe

Meine Genuss-
REZEPTE

EXPRESS

Kleiner Aufwand, großer Genuss

LAKTOSEFREI

15 Minuten

Teriyaki-Hähnchen
mit Brokkoli und Paprika

Für 2 Personen

FÜR DAS GEMÜSE

1 mittelgroßer Brokkoli (400 g)
1 rote Paprikaschote (160 g)
3–4 Frühlingszwiebeln (insgesamt 80 g)
2 EL Sonnenblumenöl
2 Prisen Salz
2 EL Sojasauce
½ TL Sesamöl
1 TL Limettensaft
Chilipulver, Chiliflocken oder Chilisauce (z. B. Sriracha-Chilisauce) nach Geschmack

FÜR DAS HÄHNCHEN

1 EL Sonnenblumenöl
2 große Maishähnchenbrustfilets (à 250 g)
2 Prisen Salz
2 Stängel Koriander (alternativ glatte Petersilie)
4 EL Teriyaki-Sauce
1 TL geröstete Sesamsaat

Für das Gemüse den **Brokkoli** waschen, den Stiel abschneiden, nach Belieben schälen und in feine Würfel schneiden. Den Brokkolikopf in kleine Röschen teilen. • Die **Paprikaschote** waschen, entkernen und in feine Streifen schneiden. Die **Frühlingszwiebeln** waschen, putzen und in Ringe schneiden, 2 EL grüne Frühlingszwiebelringe zum Garnieren beiseitelegen. • Das **Sonnenblumenöl** in einer großen Pfanne erhitzen. Brokkoliröschen und -würfel darin mit den Paprikastreifen scharf anbraten. Das **Salz** darüberstreuen, vermengen und 5 Minuten unter gelegentlichem Rühren braten, dabei aufpassen, dass das Gemüse nicht zu sehr bräunt. • Die Frühlingszwiebeln dazugeben, die **Sojasauce** darüberträufeln und 1 Minute einköcheln lassen. Mit **Sesamöl, Limettensaft** und **Chili** abschmecken und auf niedriger Stufe warm halten. • Parallel dazu für das Hähnchen das **Sonnenblumenöl** in einer beschichteten Pfanne erhitzen. Die **Hähnchenbrustfilets** abbrausen, mit Küchenpapier trocken tupfen, in 1,5 cm dicke Streifen schneiden, **salzen** und im heißen Öl auf mittlerer Stufe anbraten. Dann die Hitze rasch reduzieren, damit das Hähnchenfleisch besonders schonend gart, das dauert 6–8 Minuten. • **Koriander** abbrausen, trocken schütteln und die Blätter abzupfen. Die **Teriyaki-Sauce** über die Fleischstreifen träufeln, vermischen, dann das Fleisch zur Gemüsepfanne geben und locker vermengen. • Das Gericht auf zwei Teller verteilen, mit geröstetem **Sesam,** Koriander und den beiseitegelegten Frühlingszwiebelringen bestreuen und servieren.

Nährwerte für 1 Portion: 693 kcal – 42 g F, 62 g E, 13 g KH, 9 g B

15 Minuten

Bacon-Feta-Päckchen
auf Rucola-Apfel-Salat

Für 2 Personen

FÜR DIE PÄCKCHEN
200 g Feta (45 % Fett)
8 dünne Scheiben Bacon (insgesamt ca. 80 g)

FÜR DEN SALAT
125 g Rucola
1 mittelgroßer Apfel (150 g)
1 kleine rote Zwiebel (30 g)

FÜR DAS DRESSING
2 EL Olivenöl
1 EL dunkler Balsamico-Essig
1 TL körniger Senf
1 TL Honig
1 Prise Salz
1 Prise schwarzer Pfeffer aus der Mühle

Für die Bacon-Feta-Päckchen den **Feta** in vier gleich große, rechteckige Stücke schneiden und jeweils mit zwei Scheiben **Bacon** umwickeln. In einer beschichteten Pfanne ohne Fett langsam bei niedriger bis mittlerer Hitze etwa 12 Minuten knusprig braten, zwischendurch wenden. Der Bacon sollte außen bräunen und knusprig werden, der Käse wird durch die Wärme schön weich. • In der Zwischenzeit für den Salat den **Rucola** waschen, trocken schütteln und in mundgerechte Stücke schneiden. Den **Apfel** waschen, schälen und in sehr feine Scheiben oder Würfel schneiden. Die **Zwiebel** schälen und in hauchdünne Streifen schneiden. Alles in eine Schüssel geben. • Für das Dressing alle **Zutaten** kräftig verrühren und abschmecken. Über den Rucola-Apfel-Zwiebel-Mix träufeln und vermengen. • Den Salat auf zwei Teller verteilen, je zwei Bacon-Feta-Päckchen daneben anrichten und servieren.

TIPP Wenn du keinen Rucola magst, nimm einen anderen Blattsalat nach Wahl. Auch ein Mix aus verschiedenen Pflücksalaten passt wunderbar.

Etwas mit Bacon zu umwickeln, klingt nicht nur lecker, sondern ist einfach absolut himmlisch. Der Feta bekommt zusätzlich Geschmack und der leichte Rucola-Apfel-Salat den absoluten Kick.

Nährwerte für 1 Portion: 501 kcal – 37 g F, 27 g E, 13 g KH, 3 g B

GLUTENFREI
FREI VON RAFFINIERTEM ZUCKER

VEGETARISCH
GLUTENFREI

15 Minuten

Burrata mit **Gewürzgurken-Kiwi-Relish**

Für 2 Personen

2 Kugeln Burrata (à 100 g), mindestens 30 Minuten vorher aus dem Kühlschrank genommen
½ kleiner Granatapfel (60 g Fruchtkerne)
1 Schalotte (30 g)
1 Kiwi (60 g)
150 g Spreewaldgurken aus dem Glas, abgetropft
1 Hass-Avocado (150 g)
1 Prise Salz
1 Prise schwarzer Pfeffer aus der Mühle
2 EL Olivenöl
2 EL Spreewaldgurkensud aus dem Glas

Die **Burrata** rechtzeitig aus dem Kühlschrank nehmen, sie sollte nie zu kalt serviert werden. Die Kugeln abgießen, abtropfen lassen und jeweils in eine Schale setzen. • Die **Granatapfelkerne** am besten in einer mit Wasser gefüllten Schüssel aus der Schale lösen, in ein Sieb abgießen und abtropfen lassen. • Die **Schalotte** schälen und in sehr feine Streifen oder Würfel schneiden. Die **Kiwi** schälen und fein würfeln. Die **Spreewaldgurken** ebenfalls fein würfeln. Die **Avocado** halbieren, entkernen, das Fruchtfleisch auslösen und etwas größer würfeln, sodass die Stücke nicht matschig werden. Alles in eine Schüssel geben. • Die Granatapfelkerne mit **Salz** und **Pfeffer** hinzufügen. **Olivenöl** und **Gurkensud** darüberträufeln, vermengen und würzig abschmecken. • Das Relish rings um die Burrata-Kugeln verteilen und genießen.

Diese Kombination geht auf eine kulinarische Entdeckung im Restaurant „Taparazzi“ zurück, als ich im Ostseebad Prerow auf der Halbinsel Fischland-Darß-Zingst war. Ich war sofort geflasht. Natürlich wurde mir das Rezept nicht verraten, ich habe es einfach aus meiner Geschmackserinnerung nach eigenem Gusto nachgebaut. Mal was anderes als Burrata mit Tomate.

Nährwerte für 1 Portion: 567 kcal – 47 g F, 20 g E, 11 g KH, 2 g B

15 Minuten plus 50 Minuten Backzeit

Fenchel-Wedges
mit Zitrone, Curry und Feta-Crumble

Für 2 Personen

FÜR DIE FENCHEL-WEDGES
3 kleine Fenchelknollen (insgesamt 600 g)
2 rote Zwiebeln (insgesamt 110 g)
1 kleine Biozitrone (40 g)
schwarzer Pfeffer aus der Mühle

FÜR DIE MARINADE
2 Knoblauchzehen
1 TL Currypulver (alternativ Ras el-Hanout oder Brathähnchen-Gewürzmischung)
½ TL Salz
1 TL Honig
Chilipulver, Chiliflocken oder Chilisauce (z. B. Sriracha-Chilisauce) nach Geschmack
3 EL Olivenöl

FÜR DEN FETA-CRUMBLE
125 g Feta oder Hirtenkäse aus Kuhmilch
je 2 Stängel glatte Petersilie
1 kleine Knoblauchzehe
1 EL Olivenöl

Den Backofen auf 175 °C Umluft vorheizen. • Für die Fenchel-Wedges die **Fenchelknollen** waschen, das Grün abschneiden und zwei Stängel davon beiseitelegen. Die Knollen längs halbieren, dann jeweils vierteln und das holzige Ende vom Strunk abschneiden. Die Fenchel-Wedges in eine große Auflaufform legen. • Die **Zwiebeln** schälen und in Streifen schneiden. Die **Zitrone** waschen und achteln. Beides zwischen den Fenchelstücken verteilen. • Für die Marinade die **Knoblauchzehen** schälen, reiben oder zerdrücken und in eine Schale geben. **Currypulver, Salz, Honig, Chili** nach Geschmack und **Olivenöl** hinzufügen und kräftig verrühren. Die Marinade über das Gemüse träufeln und mit den Händen einreiben. • Im vorgeheizten Ofen auf der mittleren Schiene 50 Minuten rösten, zwischendurch mindestens zweimal wenden, damit der Fenchel gleichmäßig bräunt. • In der Zwischenzeit für den Feta-Crumble den **Feta** grob zerbröseln. Die **Petersilie** abbrausen, trocken schütteln und mit dem beiseitegelegten Fenchelgrün fein hacken. Die **Knoblauchzehe** schälen und reiben. Alles in eine Schale geben, das **Olivenöl** darüberträufeln, vermischen und bei Raumtemperatur ziehen lassen • Die Auflaufform aus dem Ofen nehmen und die Fenchel-Wedges auf zwei Teller geben. Mit **Pfeffer** bestreuen, den Feta-Crumble darauf anrichten und sofort servieren.

Viele kennen Fenchel nur als Tee, den sie als Kind bei Bauchschmerzen trinken mussten, und mögen ihn nicht besonders. Dass in Fenchel aber viel mehr steckt, so auch mehr Vitamin C als in einer Orange, zeigt sich geschmacklich in meinem Rezept. Als Gemüse gebraten, gegrillt oder gebacken ist er einfach himmlisch und total unterschätzt.

Nährwerte für 1 Portion: 485 kcal – 35 g F, 15 g E, 19 g KH, 3 g B

VEGETARISCH

GLUTENFREI

FREI VON RAFFINIERTEM ZUCKER

TIPPS Dazu passt ofenfrisches Baguette oder geröstetes dunkles Roggenbrot aus der Grillpfanne. Das restliche Fenchelgrün in feuchtes Küchenpapier schlagen und im Kühlschrank aufbewahren. Mit fein geschnittenem Grün kannst du zum Beispiel einen Tomatensalat lecker aromatisieren.

15 Minuten plus 25 Minuten Backzeit

Bunte Gemüsepäckchen
mit Minimozzarella

Für 2 Personen

2 schmale, feste Zucchini (insgesamt 230 g)
Salz
1 große Karotte (120 g)
150 g kleine Kirschtomaten
1 rote Zwiebel (50 g)
1 Knoblauchzehe
50 g getrocknete, in Öl eingelegte Kirschtomaten, gut abgetropft
250 g Minimozzarella, abgetropft
2 EL Tomatenöl (von den eingelegten Tomaten; alternativ Olivenöl)
Chilipulver, Chiliflocken oder Chilisauce (z. B. Sriracha-Chilisauce) nach Geschmack

Den Backofen auf 185 °C Umluft vorheizen. Zwei Backpapierbögen ausbreiten und jeweils die Seiten zur Mitte hin einschlagen, sodass mittig eine „Schale" entsteht. Auf ein Backblech legen. • Die **Zucchini** waschen, mit dem Sparschäler längs in dünne, lange Scheiben schneiden, in eine Schüssel geben und leicht **salzen.** • Die **Karotte** schälen und mit dem Julienneschneider in feine Streifen hobeln. Die **Tomaten** waschen und waagerecht halbieren. Die **Zwiebel** schälen und in hauchdünne Streifen schneiden. Die **Knoblauchzehe** schälen und grob reiben oder sehr fein hacken. Die **getrockneten Tomaten** in feine Streifen schneiden. • Alles zu den Zucchini geben, **Minimozzarella, Tomatenöl,** zwei Prisen **Salz** und **Chili** nach Geschmack hinzugeben, vermengen und auf die beiden „Backpapierschalen" aufteilen (oben offen lassen). Im vorgeheizten Ofen auf der oberen Schiene 25 Minuten backen. • Die Gemüsepäckchen heiß aus dem Ofen servieren.

TIPPS Dazu passt ofenfrisches Baguette oder Ciabatta. Ich liebe auch dunkles Brot, Roggenbrot oder würziges Sauerteigbrot, mit dem der Sud aufgetunkt wird. Alternativ zum Servieren je 3 EL gegarte Quinoa mit in die Päckchen geben, die Körnchen saugen sich wunderbar mit dem köstlichen Sud voll. Und natürlich schmecken die Gemüsepäckchen sehr gut zu gegrilltem Fisch oder Fleisch.

VARIANTEN Neben Zucchini, Karotten und Tomaten passen auch fein geschnittene Paprikastreifen, Pilzscheiben oder Erbsen mit in die Päckchen. Außerdem kannst du anstelle von Minimozzarella auch zwei große Kugeln zerzupften Mozzarella oder grob gewürfelten Feta nehmen – köstlich!

Schnelle Feierabendküche: Gemüse, Käse und ein köstlicher Sud ab ins Päckchen, fix in den Ofen und warm auf den Teller. Ich mache mit dieser Methode gern den Kühlschrank leer. Denn statt Mozzarella funktioniert auch anderer Käse. Und beim Gemüse darf ebenfalls variiert werden. So bleiben keine Reste und es gibt trotzdem ein großartiges neues Gericht.

Nährwerte für 1 Portion: 490 kcal – 25 g F, 29 g E, 15 g KH, 4 g B

VEGETARISCH

GLUTENFREI

FREI VON RAFFINIERTEM ZUCKER

LAKTOSEFREI
VEGETARISCH

15 Minuten

Energiestulle mit Avocado, Ei, Kresse und gepickelten Zwiebeln

Für 2 Personen

FÜR DIE GEPICKELTEN ZWIEBELSTREIFEN

1 kleine rote Zwiebel (30 g)
2 EL Weißweinessig
2 Prisen Zucker
1 Prise Salz

FÜR EIER UND BROT

2 Eier (Größe M)
2 mittelgroße Scheiben kerniges Vollkornbrot (à 50 g)
1 Prise Fingersalz
2 EL Gartenkresse

FÜR DIE AVOCADOCREME

2 Hass-Avocados (à 150 g)
1 Knoblauchzehe
1 TL Limetten- oder Zitronensaft
2 Prisen Salz
1 Prise schwarzer Pfeffer aus der Mühle

Für die gepickelten Zwiebelstreifen die **Zwiebel** schälen, in sehr feine Streifen schneiden und in eine Schale geben. **Weißweinessig, Zucker** und **Salz** einrühren und mindestens 10 Minuten ziehen lassen, dabei färben sich die Zwiebelstreifen pink. • Währenddessen die **Eier** 6 Minuten wachsweich kochen, dann kalt abschrecken, kurz ruhen lassen und noch warm pellen. • Inzwischen für die Avocadocreme die **Avocados** halbieren, entkernen, das Fruchtfleisch auslösen, in einen tiefen Teller geben und mit einer Gabel gut zu einem mittelfeinen Mus zerdrücken (es dürfen noch einige Stücke sichtbar sein). Die **Knoblauchzehe** schälen und fein darüberreiben, den **Zitrussaft** hinzufügen und alles vermengen. Mit **Salz** und **Pfeffer** kräftig abschmecken. • Die Avocadocreme auf die **Brote** streichen. Die Eier noch warm halbieren, mit den Schnittflächen nach oben auf die Avocadocreme setzen und mit **Fingersalz** bestreuen. Die Brote mit gepickelten Zwiebelstreifen und **Kresse** garnieren und genießen.

TIPP Diese Zwiebelstreifen sind wirklich express gepickelt. Bereite mehr davon zu, denn sie halten sich etliche Tage im Kühlschrank und passen zu anderen Stullen, auf Crostini, zu Salaten oder auch als Topping bei Suppen.

VARIANTE MIT BACON ODER SCHINKEN Deftig wird's, wenn man zwei Scheiben Bacon ohne Fett in der Pfanne auslässt und knusprig brät. Dann in kleine Stücke zupfen und auf den Stullen verteilen. Oder für eine etwas fettärmere Variante statt Bacon zwei Scheiben luftgetrockneten Schinken im Backofen bei 165 °C Umluft 10–12 Minuten zu Chips rösten.

Schon das Wort „Stulle“ weckt Kindheitserinnerungen in mir. Noch heute gibt es bei uns von morgens bis abends einfach mal eine Stulle. Diese Kombination mit Avocado und Ei gibt einem Superpower für den Tag.

Nährwerte für 1 Portion: 415 kcal – 29 g F, 13 g E, 24 g KH, 1 g B

LAKTOSEFREI

FREI VON RAFFINIERTEM ZUCKER

15 Minuten

Knackiger Romanasalat mit **Asia-Hackfleisch**

Für 2 Personen

FÜR SALAT UND TOPPING

2 Römersalatherzen (à 125 g)
1 kleine rote Zwiebel (30 g)
2 EL geröstete gesalzene Erdnusskerne
1 EL scharfe Chilisauce (z. B. Sriracha-Chilisauce)

FÜR DAS HACKFLEISCH

1 TL Sonnenblumenöl
400 g Rinderhackfleisch
3 EL Sojasauce
1 TL Miso-Paste
Chilipulver, Chiliflocken oder Chilisauce (z. B. Sriracha-Chilisauce) nach Geschmack

Für den Salat die **Salatherzen** längs halbieren, abbrausen, trocken tupfen und mit den Schnittflächen nach unten abtropfen lassen. • Inzwischen für das Hackfleisch das **Sonnenblumenöl** in einer beschichteten Pfanne erhitzen und das **Fleisch** darin krümelig anbraten. **Sojasauce** und **Miso-Paste** glatt rühren, über das Hackfleisch träufeln und weitere 2 Minuten bei mittlerer Hitze braten. Nach Geschmack mit **Chili** würzen. • Für das Topping die **Zwiebel** schälen und in hauchdünne Streifen schneiden. Die **Erdnüsse** mittelfein hacken. • Je zwei Salathälften mit den Schnittflächen nach oben in zwei große flache Schalen setzen. Das Asia-Hackfleisch auf die Salate geben und mit Zwiebelstreifen und Erdnüssen toppen. Nach Belieben mit **Chilisauce** besprenkeln und sofort servieren.

VEGANE VARIANTE Statt Hackfleisch fein gewürfelte Pilze braten, wie oben angegeben würzen und auf die Salathälften geben.

Ich liebe Hackfleisch in allen Variationen. Diese schnelle und coole Variante ist megalecker und auch perfekt geeignet, wenn Freunde auf einen Wein vorbeikommen.

Nährwerte für 1 Portion: 601 kcal – 44 g F, 41 g E, 5 g KH, 1 g B

15 Minuten

Gebratener Brokkoli
mit Tahini-Limetten-Joghurt

Für 2 Personen

FÜR DEN BROKKOLI
1 Brokkoli (ca. 500 g)
2 EL Olivenöl
Salz
1 TL geröstete Sesamsaat

FÜR DEN JOGHURT-DIP
250 g griechischer Joghurt Natur (10 % Fett)
1 TL helles Tahini (Sesampaste)
1 TL Limetten- oder Zitronensaft
1 Prise Salz
1 Prise Zucker oder ¼ TL Honig
1 Prise Ras el-Hanout (alternativ gemahlener Kreuzkümmel oder Currypulver)

Den **Brokkoli** waschen, den Stiel abschneiden, schälen und in Streifen schneiden. Den Brokkolikopf in Röschen teilen. Das **Olivenöl** in einer beschichteten Pfanne erhitzen und die Brokkoliröschen und -stiele darin bei mittlerer Hitze leicht kross braten, dabei zwischendurch wenden und mit **Salz** würzen. Der Brokkoli sollte leichten Biss behalten, aber auch weich genug sein. • In der Zwischenzeit für den Joghurt-Dip alle **Zutaten** gut verrühren und abschmecken. • Den Dip auf zwei Teller streichen und den gebratenen Brokkoli darauflegen. Mit **Sesam** bestreuen und servieren.

TIPP Dazu passt Quinoa oder Reis, am besten in Gemüsebrühe gegart, so schmeckt es schön würzig.

RAS EL-HANOUT Diese marokkanische Gewürzmischung ist in den vergangenen Jahren auch in Europa sehr beliebt geworden. Sie besteht aus vielen verschiedenen Gewürzen, darunter vor allem Kreuzkümmel, Kardamom, Ingwer, Koriander, Muskatnuss, Pfeffer und Kurkuma.

Nährwerte für 1 Portion: 374 kcal – 26 g F, 19 g E, 14 g KH, 8 g B

VEGETARISCH
GLUTENFREI

15 Minuten

Spreewälder **Gurkentatar**

Für 2 Personen

FÜR DAS TATAR

½ Salatgurke (220 g)
150 g Spreewaldgurken aus dem Glas, abgetropft
60 g Schmand (24 % Fett)
2–3 EL Spreewaldgurkensud aus dem Glas
1 TL körniger Senf
2 Prisen Salz
1 Prise schwarzer Pfeffer aus der Mühle
1 Spritzer Limetten- oder Zitronensaft

FÜR DAS TOPPING

2–3 TL Schmand (24 % Fett)
15 g Wasabi-Erdnusskerne

AUSSERDEM

Speisering bzw. Dessertring (Ø 7 cm)

Für das Tatar die **Salatgurke** waschen, längs halbieren, mit einem Teelöffel entkernen und fein würfeln. Die **Spreewaldgurken** ebenfalls fein würfeln und beide Gurkensorten in einer Schüssel vermengen. **Schmand, Gurkensud, Senf, Salz, Pfeffer** und **Limettensaft** hinzugeben, gut vermengen, abschmecken und nach Geschmack nachwürzen. • Den Speisering auf einen Teller setzen, die Hälfte des Gurkentatars einfüllen, leicht andrücken und den Ring vorsichtig abziehen. Auf die gleiche Weise den zweiten Teller vorbereiten. • Für das Topping mit einem Teelöffel je eine Nocke **Schmand** daraufgeben. Die **Wasabi-Erdnüsse** grob hacken, darüberstreuen und servieren.

TIPPS Du kannst das Gurkentatar auch vorbereiten, es sollte aber immer zimmerwarm serviert werden. Die Gurkenkerne musst du übrigens nicht entsorgen, du kannst sie fein püriert unter Dressings mischen oder beim Mixen von Smoothies hinzugeben oder Eiswürfel herstellen. Dazu die Gurkenkerne fein pürieren, in einen Eiswürfelbehälter füllen und gefrieren.

SPREEWALDGURKEN Die süßsauer eingelegten Spreewaldgurken sind sehr beliebt und überregional bekannt. Für diese Spezialität werden Gurken und Kräuter aus der Spreewaldregion im Osten Brandenburgs verarbeitet. Ich liebe den würzigen und zugleich süßen Geschmack! Spreewaldgurken habe ich immer im Kühlschrank, sie dürfen nicht fehlen.

Spreewaldgurken sind für mich eine echte Kindheitserinnerung. Sie sind ein fester Bestandteil meines Lieblingskartoffelsalats (siehe Seite 146) und auch den Gurkensud verarbeite ich gern mit. Dieses Gurkentatar lässt sich toll als Vorspeise servieren, wenn Gäste kommen.

Nährwerte für 1 Portion: 174 kcal – 13 g F, 5 g E, 10 g KH, 0 g B

VEGETARISCH

GLUTENFREI

LAKTOSEFREI
VEGAN

15 Minuten

Bruschetta mit **Röstpaprika-Tomaten-Salat** und Basilikum

Für 2 Personen

½ Baguette oder Ciabatta (125 g)
200 g geröstete, eingelegte Paprika aus dem Glas, abgetropft
2 Rispentomaten (insgesamt 100 g)
2 Knoblauchzehen
1–2 Frühlingszwiebeln (30 g)
2 EL Olivenöl
½ TL heller Balsamico-Essig
1 Prise Salz
1 Prise schwarzer Pfeffer aus der Mühle
3 Stängel Basilikum

Das **Brot** in sechs oder acht Scheiben schneiden und ohne Fett in einer beschichteten Grillpfanne von einer Seite leicht rösten – innen sollte das Brot saftig bleiben. (Alternativ im vorgeheizten Backofen bei 175 °C Umluft etwa 8 Minuten rösten.) • In der Zwischenzeit die **Paprika** fein würfeln. Die **Tomaten** waschen und fein würfeln, dabei die Stielansätze entfernen. Die **Knoblauchzehen** schälen und fein reiben oder sehr fein hacken. Die **Frühlingszwiebel(n)** waschen, putzen und in sehr feine Ringe schneiden, 1 EL grüne Frühlingszwiebelringe zum Garnieren beiseitestellen. Alles in eine Schüssel geben. • **Olivenöl, Balsamico-Essig, Salz** und **Pfeffer** kräftig verrühren und abschmecken. Über den Paprika-Tomaten-Mix träufeln und vermengen. • **Basilikum** abbrausen, trocken schütteln und die Blätter abzupfen. • Paprika-Tomaten-Salat auf die krossen Seiten der Brotscheiben geben, mit Basilikum und beiseitegestelltem Frühlingszwiebelgrün garnieren und sofort servieren.

Wer kennt sie nicht, die klassischen Bruschette beim Italiener … Ich wollte dem Ganzen noch etwas Pfiff geben und habe es mit gerösteten Paprika probiert. Ist megawürzig. Wer noch 5 Minuten mehr Zeit hat, kann gewürfelte frische Paprika auch einfach kurz in der Pfanne anbraten und leicht warm mit der Tomatenmischung vermengen.

Nährwerte für 1 Portion: 324 kcal – 11 g F, 7 g E, 50 g KH, 3 g B

15 Minuten

Crostini mit Avocadocreme, Tomaten und Basilikum

Für 2 Personen

2 Hass-Avocados (à 150 g)
1 Knoblauchzehe
1 TL Limetten- oder Zitronensaft
2 Prisen Salz
1 Prise schwarzer Pfeffer aus der Mühle
4 kleine Scheiben kerniges Knäckebrot mit Sonnenblumen- und Kürbiskernen (à 20 g)
100 g kleine Kirschtomaten oder Datteltomaten
3 Stängel Basilikum (alternativ glatte Petersilie oder Koriander; nach Belieben)
2 Prisen Avocado-Gewürzsalz (alternativ 1 Prise schwarzer Pfeffer aus der Mühle)

Die **Avocados** halbieren, entkernen, das Fruchtfleisch auslösen, in einen tiefen Teller geben und mit einer Gabel gut zu einem mittelfeinen Mus zerdrücken (es dürfen auch noch einige Stücke sichtbar sein). Die **Knoblauchzehe** schälen und fein darüberreiben, den **Zitrussaft** hinzufügen und alles vermengen. Mit **Salz** und **Pfeffer** kräftig abschmecken. • Die **Knäckebrotscheiben** großzügig mit der Avocadocreme bestreichen. Die **Tomaten** waschen, fein würfeln und auf den Crostini verteilen. • Falls verwendet, das **Basilikum** abbrausen, trocken schütteln, die Blätter abzupfen und die Crostini garnieren. Mit **Avocado-Gewürzsalz** bestreuen und sofort genießen.

TIPP Noch getrocknete, in Öl eingelegte Tomaten im Kühlschrank? Einfach in feine Streifen schneiden und wahlweise gemischt mit den frischen Tomaten oder pur auf der Avocadocreme anrichten. Schmeckt ebenfalls großartig und ist eine super Resteverwertung.

AVOCADO-GEWÜRZSALZ Es gibt ganz verschiedene speziell für Avocados zusammengestellte Gewürzsalzmischungen. Falls du es verwenden möchtest, wähle eines aus, das deinem Geschmack entspricht.

Als ich zum ersten Mal in Mexiko zum Shooting war, habe ich Guacamole kennengelernt. Daraus ist dann zu Hause meine Avocadocreme mit Tomaten und Basilikum entstanden. Egal, ob als Snack auf Knäckebrot oder zum Frühstück auf einer Dinkelstulle: Sie ist einfach immer wieder megalecker.

Nährwerte für 1 Portion: 368 kcal – 24 g F, 7 g E, 31 g KH, 1 g B

LAKTOSEFREI
VEGAN
FREI VON RAFFINIERTEM ZUCKER

GLUTENFREI

15 Minuten

Gebratener Zander
auf Curry-Spitzkraut mit Meerrettich-Joghurt

Für 2 Personen

FÜR DAS SPITZKRAUT

1 kleiner Spitzkohl (530 g)
½–1 TL Salz
2 EL Olivenöl
1 TL Currypulver
1 TL Limetten- oder Zitronensaft

FÜR DEN MEERRETTICH-JOGHURT

125 g griechischer Joghurt Natur (10 % Fett)
1 ½ TL Sahnemeerrettich
1 Spritzer Limetten- oder Zitronensaft
2 Prisen Salz
1 Prise Zucker

FÜR DEN ZANDER

1 ½ EL Butter oder Butterschmalz
2 Zanderfilets mit Haut (à 200 g), restliche Gräten entfernt
2 Prisen Salz

Für das Spitzkraut den **Spitzkohl** waschen, putzen und in feine Streifen schneiden. In einen großen Topf geben, **Salz, Olivenöl** und **Currypulver** hinzugeben und mit den Händen vermengen (Öl und Salz müssen gut eingerieben werden). Dann bei mittlerer Hitze unter gelegentlichem Rühren langsam dünsten, bis der Kohl nach 5–8 Minuten zusammenfällt. Mit dem **Zitrussaft** abschmecken, nach Wunsch nachwürzen und auf niedriger Stufe warm halten. • Für den Meerrettich-Joghurt alle **Zutaten** vermengen und abschmecken. • Für den Zander die **Butter** in einer beschichteten Pfanne auf mittlerer Stufe erhitzen und den **Zander** darin mit der Hautseite nach unten 5 Minuten bei niedriger Hitze sanft braten. Mit **Salz** bestreuen, wenden und 30 Sekunden garen, dann wieder auf die Hautseite legen und 1–2 Minuten fertig garen. Der Fisch sollte nicht durch sein, sondern noch leicht glasig, sodass er schön saftig schmeckt. • Das Spitzkraut auf zwei Teller verteilen und den Zander darauf anrichten. Den Meerrettich-Joghurt in Tupfen auf die Teller geben und sofort servieren.

TIPP Der Zander lässt sich auch sehr gut auf dem Gas- oder Holzkohlegrill zubereiten. Zusammen mit dem Curry-Spitzkraut, das ebenfalls in einem Topf auf dem Grill gegart werden kann, und dem Meerrettich-Joghurt ergibt das ein leichtes BBQ-Gericht.

In den vergangenen Jahren waren meine Familie und ich regelmäßig mit unserem Boot auf der Ostsee unterwegs. Das Beste ist dann, im Hafen direkt von den Fischern den Fisch zu kaufen. Frischer geht es nicht. Aber natürlich bekommt man ihn auch tiefgefroren in einer Topqualität.

Nährwerte für 1 Portion: 532 kcal – 31 g F, 50 g E, 13 g KH, 9 g B

FREI VON RAFFINIERTEM ZUCKER

15 Minuten

Warme Burrata-Stulle
mit Rucola und Serranoschinken

Für 2 Personen

FÜR DIE BROTE

1 Zweig Rosmarin
1 Zweig Thymian
1 Knoblauchzehe
2 EL Olivenöl (alternativ Öl aus dem Glas der eingelegten Tomaten)
2 dicke Scheiben dunkles Roggenbrot (à ca. 60 g)

FÜR DEN BELAG

20 g Rucola
60 g getrocknete, in Öl eingelegte Tomaten, abgetropft
1 Prise Fingersalz
2 Kugeln Burrata (à 100 g), abgetropft
4 sehr dünne Scheiben Serranoschinken (à ca. 8 g)

Für die Brote **Rosmarin** und **Thymian** abbrausen und gut trocken schütteln. Die **Knoblauchzehe** schälen, halbieren, mit Kräutern und **Olivenöl** in eine beschichtete Pfanne geben und auf niedriger Stufe erhitzen. Alles gut mit dem Öl vermengen, dann die **Brotscheiben** in die Pfanne geben und bei kleiner Hitze von einer Seite etwa 5 Minuten rösten, zwischendurch die Pfanne schwenken, damit die Brote nicht zu sehr bräunen (sie sollten innen weich bleiben und außen angenehm knusprig sein). • Inzwischen für den Belag den **Rucola** waschen und trocken schütteln. Die **getrockneten Tomaten** in Streifen schneiden. • Die Brote mit ganz wenig **Fingersalz** bestreuen. Dann je eine Kugel **Burrata** auf den Broten platt drücken und vorsichtig verstreichen. Rucola und Tomatenstreifen darüber verteilen. Den **Serranoschinken** grob zerzupfen, rosettenartig locker auf den Burrata-Stullen anrichten und sofort warm und knusprig servieren.

TIPP In der Tomatensaison nehme ich gern frische Rispentomaten – am liebsten kunterbunt, einfach alles, was die Saison hergibt. Der Belag lässt sich nach Geschmack variieren. Du kannst statt Rucola Basilikum verwenden oder statt Serranoschinken hauchdünn geschnittene Fenchelsalami. Werde einfach kreativ!

Habe ich schon gesagt, wie sehr ich Stullen liebe? Je abwechslungsreicher, desto besser. Und mit einem reichhaltigen Belag wie hier mit Burrata, Rucola und Schinken erhält man nicht nur einen Snack, sondern eine vollwertige Mahlzeit.

Nährwerte für 1 Portion: 587 kcal – 39 g F, 29 g E, 25 g KH, 4 g B

15 Minuten

Grüner Spargel aus der Pfanne
mit Kirschtomaten und Büffelmozzarella

Für 2 Personen

1 kg grüner Spargel (ca. 800 g)
2 EL Olivenöl
3 Prisen Salz
2 Prisen Zucker
1 TL Zitronensaft
100 g getrocknete, in Öl eingelegte Kirschtomaten, abgetropft
6 Stängel Basilikum
250 g Büffelmozzarella, abgetropft
1 EL alter, dunkler Balsamico-Essig

Den **Spargel** schälen, die holzigen Enden abschneiden, Spargel waschen und trocken tupfen. **Olivenöl** in eine große beschichtete Pfanne geben, Spargel hinzufügen und etwa 8 Minuten bei mittlerer Hitze braten, zwischendurch wenden und aufpassen, dass er nicht zu sehr bräunt. Während des Bratens mit **Salz** und **Zucker** bestreuen, dabei wenden und leicht karamellisieren lassen. • Nach Ende der Bratzeit (der Spargel sollte noch etwas Biss behalten) **Zitronensaft** und **Kirschtomaten** in die Pfanne geben. • **Basilikum** abbrausen, trocken schütteln, die Blätter abzupfen und etwa drei Viertel davon unterheben. Den **Mozzarella** grob zerzupfen, ebenfalls unter den Spargel-Tomaten-Mix heben und 1 Minute miterhitzen, damit er ganz leicht schmilzt. • Die Spargelpfanne auf zwei Tellern anrichten und mit den übrigen Basilikumblättern garnieren. Mit **Balsamico-Essig** beträufeln – gibt einen tollen Säurekick! – und servieren.

Ich liebe Spargel einfach! Ob weißer Spargel ganz klassisch zur Spargelzeit oder grüner: egal! Diese Variante schmeckt einfach nur so lecker, passt aber auch super zu Grillgemüse oder Grillfisch.

Nährwerte für 1 Portion: 564 kcal – 40 g F, 31 g E, 19 g KH, 6 g B

VEGETARISCH
GLUTENFREI

LAKTOSEFREI

VEGETARISCH

GLUTENFREI

FREI VON RAFFINIERTEM ZUCKER

Eine Freundin bereitet schon seit einigen Jahren einen knackigen Salat aus Brokkoliröschen zu, der sehr lecker ist. Ich habe daraus meine Variante mit Dattel- und Apfelwürfeln kreiert.

15 Minuten

Brokkolisalat
mit Apfel, Dattel und Walnuss

Für 2 Personen

FÜR DEN SALAT
25 g Walnusskerne
300 g Brokkoliröschen
½ Salatgurke (200 g)
1 große Karotte (120 g)
1–2 Frühlingszwiebeln (30 g)
1 Apfel (150 g)
3 Soft-Datteln
2 Prisen Salz

FÜR DAS DRESSING
1 TL scharfer Senf
1 TL körniger Senf
½ TL flüssiger Honig
2 EL Olivenöl
1 EL Apfelessig oder heller Balsamico-Essig
1 Prise schwarzer Pfeffer aus der Mühle

Für den Salat die **Walnüsse** in einer kleinen beschichteten Pfanne ohne Fett rösten, bis sie duften. Dann grob hacken und beiseitestellen. • Die **Brokkoliröschen** waschen, gut abtropfen lassen und trocken tupfen. Mit einem scharfen Messer mittelfein hacken (etwas gröber als Brokkoli-Couscous) und in eine Schüssel geben. • Die **Gurke** längs halbieren, mit einem Teelöffel entkernen und fein würfeln. Die **Karotte** schälen und mit dem Julienneschneider in dünne Streifen hobeln. Die **Frühlingszwiebel(n)** waschen, putzen und in sehr feine Ringe schneiden. Den **Apfel** schälen und fein würfeln. Die **Datteln** ebenfalls fein würfeln. Alles zum Brokkoli in die Schüssel geben, mit dem **Salz** bestreuen und mit den Händen vorsichtig in den Salatmix reiben, dabei das Gemüse nicht zerdrücken. • Für das Dressing alle **Zutaten** kräftig verrühren, abschmecken, über den Salat träufeln und mit den Händen in den Salat reiben, so verteilt sich das Dressing am besten und der Salat schmeckt besonders saftig. • Die Walnüsse unterheben und den Salat servieren.

TIPP Dazu passt Fleisch oder Fisch vom Grill. Und: Ich liebe einen Klecks saure Sahne oder griechischen Joghurt auf dem Salat, einfach pur oder mit einem Spritzer Zitrone und einer Prise Salz etwas cremig gerührt.

VARIANTE Ich variiere den Salat gern mit dem, was gerade da ist – so wird er jedes Mal ein bisschen anders. Du kannst zum Beispiel statt Apfel Birne nehmen oder statt Datteln getrocknete Aprikosen oder Feigen fein würfeln und unterheben.

Nährwerte für 1 Portion: 339 kcal – 19 g F, 10 g E, 29 g KH, 9 g B

15 Minuten plus ca. 15 Minuten Backzeit

Lachspäckchen
in Orangen-Olivenöl-Sud

Für 2 Personen

FÜR DEN FISCH

2 frische Lachsfilets (à 175 g), eventuell restliche Gräten entfernt, 60 Minuten vorher aus dem Kühlschrank genommen
Salz

FÜR DIE ORANGEN-MARINADE

2 mittelgroße Orangen (insgesamt 450 g, ergibt 180 g Fruchtfilets)
125 g kleine Kirschtomaten
2 kleine rote Zwiebeln (insgesamt 70 g)
2 Knoblauchzehen
3 EL Olivenöl
1 ½ TL Limettensaft
½ TL flüssiger Honig
Chilipulver, Chiliflocken oder Chilisauce (z. B. Sriracha-Chilisauce) nach Geschmack

Den Backofen auf 160 °C Umluft vorheizen. Zwei Backpapierbögen ausbreiten und jeweils die Seiten zur Mitte hin einschlagen, sodass mittig eine „Schale" entsteht. Auf ein Backblech legen. • Für den Fisch die **Lachsfilets** von beiden Seiten leicht **salzen** und in die Mitte der „Schalen" setzen. • Für die Orangen-Marinade die **Orangen** so schälen, dass auch die weiße Haut entfernt wird, dann die Orangenfilets aus den Segmenten schneiden, dabei über einer Schüssel arbeiten und den Saft (etwa 3 EL) auffangen. Die Fruchtfilets dazugeben. • Die **Tomaten** waschen und in feine Würfel oder in Achtel schneiden. Die **Zwiebeln** schälen und in sehr feine Streifen schneiden. Die **Knoblauchzehen** schälen und zerdrücken oder reiben und alles zu den Orangenfilets geben. **Olivenöl, Limettensaft, Honig** und **Chili** nach Geschmack hinzufügen, vermengen, abschmecken und nach Belieben nachwürzen. • 1 EL Orangen-Marinade beiseitestellen, den Rest über dem Lachs verteilen. Das Backpapier locker einschlagen und zu Päckchen verschließen, sodass der Lachs im Dampfpäckchen schonend gart. • Das Blech in den vorgeheizten Ofen auf die mittlere Schiene schieben und etwa 15 Minuten garen. Prüfen, ob der Garpunkt erreicht ist (der Lachs sollte idealerweise noch glasig und saftig sein), anderenfalls nach Wunsch noch etwas weitergaren. • Herausnehmen, die Lachspäckchen auf zwei Teller setzen und oben aufziehen. Mit der beiseitegestellten Orangen-Marinade toppen und servieren.

TIPP Dazu passt ein gemischter oder grüner Salat.

Ich liebe Lachs in allen Variationen, ob gegrillt, gedünstet, gebeizt oder auch roh. Diese Variante ist perfekt, wenn Besuch ansteht. Man kann alles wunderbar vorbereiten und dann einfach zur gewünschten Zeit in den Ofen schieben. Superlecker und leicht.

Nährwerte für 1 Portion: 437 kcal – 26 g F, 34 g E, 13 g KH, 3 g B

LAKTOSEFREI
GLUTENFREI
FREI VON RAFFINIERTEM ZUCKER

VEGETARISCH

GLUTENFREI

FREI VON RAFFINIERTEM ZUCKER

15 Minuten

Chicorée-Schiffchen
mit Mandarinen-Walnuss-Salat

Für 2 Personen

1 Chicorée (125 g)
20 g Walnusskerne
2 Mandarinen (insgesamt 200 g)
1 Schalotte (25–30 g)
1 EL Olivenöl
1 Spritzer Limetten- oder Zitronensaft
1 TL körniger Senf
1 Prise Salz
1 Prise schwarzer Pfeffer aus der Mühle
50 g Ziegenfrischkäse

Chicorée wird oft unterschätzt. Ich liebe die Kombination von Chicorée und Zitrusfrüchten – eine echte Kindheitserinnerung, denn meine Mama hat immer wieder Salate in dieser Version zubereitet.

Den **Chicorée** in Blätter zerteilen, waschen, trocken tupfen und als „Schiffchen" dekorativ auf zwei Teller geben. • Die **Walnüsse** grob hacken und in einer kleinen beschichteten Pfanne ohne Fett rösten, bis sie anfangen zu duften. Sie sollten nicht bräunen. Beiseitestellen. • Die **Mandarinen** schälen und die Fruchtspalten in kleine Würfel schneiden. Die **Schalotte** schälen, sehr fein würfeln und beides in eine Schüssel geben. **Olivenöl, Zitrussaft, Senf, Salz** und **Pfeffer** hinzufügen, vermengen und abschmecken. • Den **Ziegenkäse** grob darüberbröseln, mit den gehackten Walnüssen bestreuen und vorsichtig unterheben. • Den Mandarinen-Walnuss-Salat auf die Chicorée-Schiffchen verteilen und genießen.

TIPPS Diese Schiffchen lassen sich super als Snack oder Vorspeise vorbereiten, wenn Gäste kommen. Wenn du keinen Ziegenkäse magst, dann nimm einen cremigen Hirtenkäse aus Kuhmilch und zerbrösele ihn fein.

Nährwerte für 1 Portion: 210 kcal – 15 g F, 6 g E, 12 g KH, 3 g B

BALANCE

Unbeschwert und leicht

VEGETARISCH
GLUTENFREI
FREI VON RAFFINIERTEM ZUCKER

30 Minuten

Rote Tomatenhirse
mit gebratener Paprika

Für 2 Personen

FÜR DIE TOMATENHIRSE
150 g Hirse
1 TL geräuchertes Paprikapulver
300 ml Tomatensaft
Salz

FÜR DIE PAPRIKAPFANNE
1 mittelgroße rote Zwiebel (50 g)
2 Knoblauchzehen
1 EL Olivenöl
je 1 rote, gelbe und grüne Paprikaschote (insgesamt 480 g)
50 ml Tomatensaft
1 TL getrockneter Oregano
½–1 TL Salz
Chilipulver, Chiliflocken oder Chilisauce (z. B. Sriracha-Chilisauce) nach Geschmack
Kräuter nach Belieben (z. B. Basilikum, Petersilie)
2 EL Kräuter-Doppelrahmfrischkäse

Für die Tomatenhirse die **Hirse** in ein feines Sieb geben und unter fließendem kaltem Wasser waschen. In einen Topf geben, **Paprikapulver, Tomatensaft** und etwas **Salz** dazugeben, umrühren, aufkochen und die Hirse 15 Minuten bei niedriger Hitze köcheln lassen. Dann auf der ausgeschalteten Herdplatte abgedeckt etwa 5 Minuten quellen lassen. • Währenddessen für die Paprikapfanne die **Zwiebel** schälen und in Spalten schneiden. Die **Knoblauchzehen** schälen und fein würfeln. Beides mit dem **Olivenöl** in eine große beschichtete Pfanne geben und bei niedriger Hitze unter gelegentlichem Rühren etwa 5 Minuten glasig dünsten. • Inzwischen die **Paprikaschoten** waschen, entkernen und nach Belieben in Streifen oder Würfel schneiden. In die Pfanne geben, die Hitze etwas erhöhen und die Paprika unter gelegentlichem Rühren etwa 6 Minuten anbraten – sie sollen nur leicht bräunen. • Mit dem **Tomatensaft** ablöschen, **Oregano** und **Salz** zugeben und bei niedriger Hitze etwa 5 Minuten einköcheln lassen, zwischendurch umrühren. Mit **Chili** nach Geschmack würzen. • Die Tomatenhirse mit einer Gabel auflockern, zur Gemüsepfanne geben, unterheben und noch 1 Minute erhitzen, sodass sich Gemüse und Hirse verbinden. • Die **Kräuter** abbrausen, trocken schütteln und die Blätter abzupfen. Den Gemüse-Hirse-Mix auf zwei Teller oder in Schalen geben, je 1 EL **Kräuterfrischkäse** zu einer Nocke formen, daraufsetzen, mit den Kräutern garnieren und sofort servieren.

Nährwerte für 1 Portion: 436 kcal – 11 g F, 13 g E, 66 g KH, 8 g B

25 Minuten

Schneller **Reisnudelsalat** Thai-Style

Für 2 Personen

FÜR DEN SALAT

200 g Rotkohl

2 große Karotten (insgesamt 220 g)

½ Salatgurke (200 g)

1 kleine, feste Birne (120 g)

1 kleine, mittelscharfe rote Chilischote

1–2 Frühlingszwiebeln

1 mittelgroße rote Zwiebel (50 g)

4 Stängel Koriander

2 Prisen Salz

1 TL Sojasauce

150 g dünne Reisnudeln

2 EL geröstete, gesalzene Erdnusskerne

FÜR DAS DRESSING

1 ½ TL Erdnussmus

Saft von 1 Limette

3 EL Sojasauce

½ TL Fischsauce (alternativ etwas mehr Sojasauce)

1 TL Sriracha-Chilisauce (alternativ mehr Chilischote im Salat)

1 TL Ahornsirup oder Honig

2 EL Sesamöl

Für den Salat den **Rotkohl** waschen, die **Karotten** schälen, die **Gurke** längs halbieren und mit einem Teelöffel entkernen. Alles in feinste Streifen schneiden oder hobeln. Die **Birne** schälen und ebenfalls in feine Streifen schneiden oder hobeln. **Chilischote** waschen, entkernen und in feine Ringe schneiden. **Frühlingszwiebel(n)** waschen, putzen und ebenfalls in feine Ringe schneiden. Die **Zwiebel** schälen und in sehr feine Streifen schneiden. Alles in eine Schüssel geben. • Den **Koriander** abbrausen, trocken schütteln, einige Blätter zum Garnieren beiseitelegen, den Rest der Blätter mit den Stielen fein hacken, zum Gemüse geben und vermengen. **Salz** und **Sojasauce** hinzufügen und vorsichtig mit den Händen kneten, sodass das Gemüse etwas weicher wird (es darf nicht matschig werden). • Inzwischen die **Reisnudeln** nach Packungsanleitung zubereiten. • Für das Dressing alle **Zutaten** kräftig verrühren und abschmecken. • Die Reisnudeln abgießen, in eine Schüssel geben und noch warm mit dem Dressing vermengen. Das Gemüse vorsichtig unterheben und bei Bedarf nachwürzen. • Die **Erdnüsse** grob hacken, über den Salat streuen, mit den Korianderblättern garnieren und servieren.

TIPP Wenn du den Salat vorbereitest oder am nächsten Tag Reste essen möchtest: unbedingt noch mal mit den Dressingzutaten abschmecken, denn der Salat zieht gut nach. Außerdem nie zu kalt servieren.

Nährwerte für 1 Portion: 604 kcal – 20 g F, 15 g E, 87 g KH, 11 g B

LAKTOSEFREI

10 Minuten plus 10 Minuten Garzeit und 30 Minuten Backzeit

Im Ganzen gerösteter **Curry-Blumenkohl** mit Zitrone

Für 2 Personen

FÜR DEN BLUMENKOHL

Salz
1 mittelgroßer Blumenkohl (ca. 800 g mit Grün)
1 Biozitrone

FÜR DIE MARINADE

5 EL Olivenöl
1 TL Zitronensaft
1 TL Currypulver
1 TL Honig
Chilipulver, Chiliflocken oder Chilisauce (z. B. Sriracha-Chilisauce) nach Geschmack
3 Prisen Salz

Für den Blumenkohl **Salzwasser** in einen großen, hohen Topf (der Kohlkopf muss im Ganzen hineinpassen) zum Kochen bringen. Den **Blumenkohl** waschen, das Grün putzen, aber nicht wegschneiden, kopfüber ins kochende Wasser geben und 10 Minuten bei niedriger Hitze köcheln lassen. • Den Backofen auf 180 °C Umluft vorheizen. • Für die Marinade alle **Zutaten** verrühren und kräftig abschmecken. Dann 2 EL Blumenkohlkochwasser hinzugeben. • Die **Zitrone** waschen, in 1 cm dicke Scheiben schneiden und die Mitte einer Auflaufform damit auslegen. Den vorgegarten Blumenkohl aus dem Wasser heben, mit der Strunkseite nach unten auf die Zitronenscheiben setzen, mit zwei Dritteln der Marinade beträufeln und diese mit den Händen in den Kohl reiben. • Im vorgeheizten Ofen 30 Minuten goldbraun rösten, dabei nach 15 Minuten die restliche Marinade über dem Blumenkohl verteilen. Ausgetretene Flüssigkeit aus der Form über den Kohl gießen. • Herausnehmen und den Blumenkohl in der Form servieren.

TIPP Dazu passt ein Dip nach Wahl, zum Beispiel Kräuterquark. Oder serviere den Curry-Blumenkohl als Beilage zu gegrilltem Hähnchen, Lachs oder gegrillter Forelle.

VEGANE VARIANTE Statt Honig Reissirup, Ahornsirup, Agavendicksaft oder eine Prise Zucker verwenden.

VARIANTE AUF DEM GRILL Der Blumenkohl kann nach dem Vorgaren im Topf auch auf dem Grill geröstet werden: einen Gas- oder Holzkohlegrill vorheizen, Zitronenscheiben und Blumenkohl auf ein Grillblech setzen, ansonsten bleibt die Vorbereitung gleich. Zwischendurch Garpunkt und Bräunung prüfen und die Garzeit anpassen. Erst im indirekten Bereich, dann für das Finish einige Minuten bei direkter Hitze grillen.

Nährwerte für 1 Portion: 350 kcal – 27 g F, 11 g E, 15 g KH, 14 g B

Zitronen sind ein Must-have in meinem Vorrat. Wenn ich Hähnchen oder Fisch grille, lege ich die Stücke immer auf frisch geschnittene Zitronenscheiben, das gibt eine schöne Zitrusfrische und schmeckt nach Sommer. So funktioniert es auch bei diesem Blumenkohl: Er schmeckt durch die Zitrone wunderbar sommerlich frisch.

LAKTOSEFREI

VEGETARISCH

GLUTENFREI

FREI VON RAFFINIERTEM ZUCKER

LAKTOSEFREI

VEGETARISCH

GLUTENFREI

FREI VON RAFFINIERTEM ZUCKER

Ich liebe Ofengemüse in allen Varianten, ob pur, zu Grillfleisch, zu Fisch oder als vegetarisches Hauptgericht mit Quinoa, Reis oder Pasta. Dieser Mix aus Quinoa und Gemüse sättigt, tut gut und kann ganz flexibel mit Gewürzen und Kräutern immer wieder neu gestaltet werden.

15 Minuten plus ca. 35 Minuten Backzeit
und ca. 15 Minuten Garzeit

Ofengemüse-Quinoa zum Löffeln

Für 2 Personen

FÜR DAS OFENGEMÜSE

1–2 Zucchini (insgesamt 300 g)
2 Paprikaschoten (Farbe nach Wahl; insgesamt 320 g)
200 g kleine Kirschtomaten
2 Knoblauchzehen
3 EL Olivenöl
½ TL Honig
Salz
Chilipulver, Chiliflocken oder Chilisauce (z. B. Sriracha-Chilisauce) nach Geschmack
3 Stängel Basilikum (alternativ andere Kräuter nach Wahl)
1 ½ EL dunkler Balsamico-Essig

FÜR DIE QUINOA

200 g Quinoa
¼–½ TL Salz
400 ml Gemüsebrühe

Den Backofen auf 180 °C Umluft vorheizen. • Die **Zucchini** waschen und in Scheiben schneiden. Die **Paprikaschoten** waschen, entkernen und in Streifen schneiden. Die **Kirschtomaten** waschen und alles in eine große Auflaufform geben. • Die **Knoblauchzehen** schälen, zerdrücken und zum Gemüse geben. **Olivenöl** mit **Honig** vermischen und darüberträufeln. Mit **Salz** würzen, **Chili** nach Geschmack hinzugeben und alles vermengen. Im vorgeheizten Ofen etwa 35 Minuten rösten, zwischendurch zweimal wenden, damit das Gemüse gleichmäßig bräunt. • In der Zwischenzeit die **Quinoa** in ein feines Sieb geben und unter fließendem Wasser abbrausen. Mit **Salz** und **Gemüsebrühe** in einen großen Topf geben, umrühren und zum Kochen bringen. Die Hitze reduzieren und etwa 15 Minuten köcheln lassen. Dann auf der ausgeschalteten Herdplatte etwa 5 Minuten abgedeckt ruhen lassen, anschließend mit einer Gabel auflockern. • Das **Basilikum** abbrausen, trocken schütteln und die Blätter abzupfen. Die Auflaufform aus dem Ofen nehmen, das Gemüse nach Belieben mit **Balsamico-Essig** beträufeln, wenden und abschmecken. Samt Sud zur Quinoa geben, alles vermengen und auf zwei Schalen verteilen. Mit Basilikum garnieren und direkt warm löffeln.

TIPP Ich gebe gern einen Löffel cremigen Naturjoghurt auf den Gemüse-Quinoa-Mix. Auch ein schnell angerührter Kräuterjoghurt oder -quark mit einem Spritzer Zitronensaft passt perfekt als Dip.

Nährwerte für 1 Portion: 595 kcal – 22 g F, 19 g E, 80 g KH, 10 g B

15 Minuten plus 40 Minuten Backzeit

Karamellisierte Ofenkarotten
mit Harissa und Schwarzbrot-Crumble

Für 2 Personen

FÜR DIE OFENKAROTTEN

750 g schmale bunte Bundkarotten (maximal 3 cm dick)
Salz
3 EL Olivenöl
1 TL Harissa-Paste
1 EL Honig

FÜR DEN SCHWARZBROT-CRUMBLE

1 Scheibe Schwarzbrot oder Vollkornbrot (40 g)
1 EL Butter
Salz

ZUM SERVIEREN

2 EL griechischer Joghurt Natur (10 % Fett) oder saure Sahne (nach Belieben)
Chilisalz oder Chiliflocken (nach Belieben)
einige Kräuterblätter nach Wahl (z. B. Petersilie, Koriander oder auch grüne Blattspitzen von den Bundkarotten)

Den Backofen auf 180 °C Umluft vorheizen. • Für die Ofenkarotten das Karottengrün so abschneiden, dass am Ansatz ein wenig Grün stehen bleibt. Die **Karotten** schälen, **salzen** und nebeneinander in eine große Auflaufform legen. (Wer keine schmalen Bundkarotten bekommt, sollte dickere Karotten längs vierteln.) • **Olivenöl, Harissa** und **Honig** zu einer Marinade verrühren, über die Karotten träufeln und mit den Händen gut einreiben. Im vorgeheizten Ofen auf der mittleren Schiene 40 Minuten rösten, dabei zwischendurch ein- bis zweimal wenden, sodass die Karotten gleichmäßig bräunen. • Während der Backzeit für den Schwarzbrot-Crumble das **Brot** grob krümeln. Die **Butter** in einer beschichteten Pfanne zerlassen und aufschäumen lassen. Die Brotbrösel hineingeben und bei niedriger Hitze unter häufigem Wenden etwa 5 Minuten rundum rösten. Leicht **salzen,** vom Herd nehmen und abkühlen lassen. • Zum Servieren den **Joghurt**, falls verwendet, cremig rühren. Die Ofenkarotten mit dem crunchigen Schwarzbrot-Crumble auf zwei Teller geben und mit je 1 EL Joghurt, etwas **Chilisalz** und **Kräutern** garniert servieren.

TIPPS Die Ofenkarotten schmecken auch pur als schnelles Lunch-Gericht mit grünem Salat. Oder serviere sie mal als Vorspeise für 4 Personen. Sie passen auch super zu gegrilltem Hähnchen. Am besten die doppelte Menge Marinade vorbereiten und das Hähnchen mit der Hälfte davon nach dem Grillen dünn bestreichen, so brennt der Honig-Gewürz-Mix auch nicht an.

VARIANTEN Anstelle von Karotten kannst du Kürbisspalten oder kleine Blumenkohlröschen wie angegeben marinieren und im Ofen rösten.

Nährwerte für 1 Portion: 346 kcal – 25 g F, 3 g E, 26 g KH, 12 g B

VEGETARISCH
FREI VON RAFFINIERTEM ZUCKER

15 Minuten plus 25 Minuten Backzeit

Salat-Bowl
mit gerösteten Kichererbsen

Für 2 Personen

FÜR DIE KICHERERBSEN

1 Glas Kichererbsen (abgetropft 220 g)
1 EL Olivenöl
1 TL geräuchertes Paprikapulver oder Gewürze nach Wahl (z. B. Currypulver, Tandoori-Gewürzmischung, Ras el-Hanout oder andere Lieblingsgewürzmischungen)
½ TL Salz
1 TL flüssiger Honig

FÜR DEN SALAT

200 g Pflücksalate der Saison
1 etwas kleinere Salatgurke (ca. 300 g)
3 Frühlingszwiebeln
1 gelbe Paprikaschote (160 g)
6 Radieschen

FÜR DAS DRESSING

2 EL Olivenöl
1 TL Senf
1 TL heller Balsamico-Essig
1 TL Honig
1 TL Zitronensaft
2 Msp. abgeriebene Biozitronenschale
2 Prisen Salz
1–2 Prisen schwarzer Pfeffer aus der Mühle

Den Backofen auf 185 °C Umluft vorheizen. • Für die Kichererbsen alle **Zutaten** in einer Schüssel gut vermengen und auf einem mit Backpapier ausgelegten Backblech verteilen. Im vorgeheizten Ofen auf der mittleren oder oberen Stufe 25 Minuten rösten, bis die Kichererbsen gut gebräunt sind, dabei zwischendurch einmal durchrühren. • In der Zwischenzeit für den Salat die **Salatblätter** waschen, trocken schleudern, in mundgerechte Stücke zupfen und in eine Schüssel geben. Die **Gurke** waschen, längs halbieren, mit einem Teelöffel entkernen und ungeschält würfeln. Die **Frühlingszwiebeln** waschen, putzen und in feine Ringe schneiden. Die **Paprikaschote** waschen, entkernen und in Streifen schneiden. Die **Radieschen** waschen, putzen und in feine Scheiben schneiden. Alles zu den Salatblättern geben und mit den Händen vermischen. • Für das Dressing alle **Zutaten** kräftig verrühren, abschmecken, über den Salat träufeln und mit den Händen vermengen. Nach Geschmack nachwürzen und in Bowls geben. • Die gerösteten Kichererbsen aus dem Ofen nehmen, etwas abkühlen lassen, über den Salaten verteilen und genießen.

TIPP Das Dressing verbindet sich einfach viel besser mit den Salatzutaten, wenn man per Hand mischt.

FRUCHTIGE VARIANTEN Im Sommer gebe ich gern einige Pfirsichspalten oder Aprikosenstücke mit in den Salat. Auch Johannisbeeren oder Heidelbeeren passen sehr gut. Im Winter schmecken fruchtige Apfel- oder Birnenstücke oder auch kernlose Trauben im Salat sehr lecker.

VEGANE VARIANTE Statt Honig Agavendicksaft, Ahornsirup, Reissirup oder eine Prise Zucker verwenden.

Nährwerte für 1 Portion: 287 kcal – 9 g F, 13 g E, 33 g KH, 5 g B

LAKTOSEFREI
VEGETARISCH
GLUTENFREI
FREI VON RAFFINIERTEM ZUCKER

LAKTOSEFREI
VEGAN
GLUTENFREI
FREI VON RAFFINIERTEM ZUCKER

ca. 20 Minuten

Bunte Hirse-Bowl
mit Mango, Curry und Petersilie

Für 2 Personen

FÜR DIE HIRSE
200 g Hirse
1 TL fruchtiges Currypulver
¼–½ TL Salz

FÜR DEN SALAT
1 kleine reife, süße Mango (350 g)
1 kleine rote Zwiebel (40 g)
5 Stängel glatte Petersilie
1 rote Paprikaschote (160 g)
100 g kleine Kirschtomaten
2 EL Olivenöl
1 TL Limettensaft
Salz
schwarzer Pfeffer aus der Mühle
Chilipulver, Chiliflocken oder Chilisauce (z. B. Sriracha-Chilisauce) nach Geschmack

Die **Hirse** in ein feines Sieb geben und unter fließendem kaltem Wasser waschen. In einen Topf geben, **Currypulver, Salz** und 400 ml Wasser zugeben, umrühren, aufkochen und die Hirse 15 Minuten bei niedriger Hitze köcheln lassen. Auf der ausgeschalteten Herdplatte abgedeckt etwa 5 Minuten quellen lassen. • Währenddessen für den Salat die **Mango** schälen, das Fruchtfleisch vom Stein schneiden und würfeln. Die **Zwiebel** schälen und in sehr feine Würfel oder Streifen schneiden. Die **Petersilie** waschen, trocken schütteln und die Blätter abzupfen, einige davon zum Garnieren beiseitestellen. Die **Paprikaschote** waschen, entkernen und fein würfeln. Die **Kirschtomaten** waschen und waagerecht halbieren. Alles in eine Schüssel geben. • **Olivenöl** und **Limettensaft** über den Salat träufeln, mit **Salz** und **Pfeffer** würzen, locker vermengen und abschmecken. Wer mag, gibt noch **Chili** nach Geschmack dazu – Mango verträgt Schärfe für den Kontrast. • Die gegarte Hirse mit einer Gabel auflockern, mit dem Mango-Salat in zwei Bowls anrichten und mit Petersilie garniert servieren.

TIPP Wer Koriander mag, kann die Hälfte der Petersilie durch Koriander ersetzen. Passt super!

Nährwerte für 1 Portion: 560 kcal – 15 g F, 15 g E, 88 g KH, 6 g B

20 Minuten

Rauchiger Chicoréesalat
mit Orange und Speck

Für 2 Personen

FÜR DEN SALAT
100 g geräucherte Schinkenspeckwürfel
2 Chicorée (insgesamt 220 g)
2 mittelgroße Orangen (insgesamt 450 g, ergibt 180 g Fruchtfilets)
1 mittelgroße rote Zwiebel (50 g)
50 g Parmesan

FÜR DAS DRESSING
1 EL Olivenöl
1 TL körniger Senf
½ TL Honig
1 TL heller Balsamico-Essig
1 Prise Salz
1 Prise schwarzer Pfeffer aus der Mühle

Für den Salat die **Speckwürfel** in einem Topf bei mittlerer Hitze etwa 5 Minuten auslassen, sodass sie im eigenen Fett langsam braten, dabei zwischendurch wenden. Auf Küchenpapier abtropfen lassen. • In der Zwischenzeit den **Chicorée** waschen, in Blätter zerteilen, trocken schleudern und in eine flache, breite Schüssel geben. (Alternativ die Chicoréeblätter längs oder quer in Streifen schneiden.) • Die **Orangen** so schälen, dass auch die weiße Haut entfernt wird, dann die Orangenfilets aus den Segmenten schneiden (den Saft dabei auffangen), zum Chicorée geben und locker vermengen. Die **Zwiebel** schälen, in sehr feine Streifen schneiden und unterheben. Die gerösteten Speckwürfel ebenfalls unterheben. • Für das Dressing 1 EL Fett aus der Speckpfanne mit 2 EL aufgefangenem Orangensaft in einer Schale vermengen. Alle **Dressingzutaten** hinzugeben, gut verrühren, abschmecken, über den Chicorée-Mix träufeln und vermengen. • **Parmesan** darüberhobeln, locker unterheben und den Salat servieren.

Chicorée wird oft völlig unterschätzt. Die Bitterstoffe regen den Stoffwechsel an, bieten geschmackliche Abwechslung auf dem Teller und beamen mich emotional immer ein bisschen zurück in meine Kindheit. Chicorée und Orange waren ein Dream-Team – ich liebe es bis heute!

Nährwerte für 1 Portion: 296 kcal – 15 g F, 23 g E, 15 g KH, 4 g B

LAKTOSEFREI
GLUTENFREI
FREI VON RAFFINIERTEM ZUCKER

LAKTOSEFREI
VEGETARISCH
GLUTENFREI
FREI VON RAFFINIERTEM ZUCKER

20 Minuten plus ca. 35 Minuten Backzeit

Wurzelgemüse-Bowl

mit Birne in Orangen-Chili-Vinaigrette

Für 2 Personen

FÜR DAS WURZELGEMÜSE

1 Pastinake (120 g)
1 Petersilienwurzel (120 g)
1 Stück Knollensellerie (220 g)
2 große Karotten (insgesamt 240 g)
2 große bunte Karotten (z. B. Urkarotten; insgesamt 240 g)
1 rote Zwiebel (80 g)
Salz
1 EL Olivenöl

FÜR DIE BIRNE

3 EL Olivenöl
Saft von ½ Orange
1 TL Zitronensaft
1 TL körniger Senf
1 TL Senf
1 TL Honig
Chili-Gewürzmischung oder 1 TL Harissa-Paste (nach Geschmack)
1 Birne (175 g)

ZUM SERVIEREN

2 EL geröstete Kürbiskerne (nach Belieben)

Den Backofen auf 180 °C Umluft vorheizen. • Für das Wurzelgemüse **Pastinake, Petersilienwurzel, Knollensellerie** und alle **Karotten** schälen und in etwa gleich große, 2 cm dicke Stifte schneiden. Die **Zwiebel** schälen und in Spalten schneiden. Alles in eine Auflaufform geben, **salzen,** mit **Olivenöl** beträufeln und vermengen. Im vorgeheizten Ofen etwa 35 Minuten rösten, dabei ein- bis zweimal wenden. • In der Zwischenzeit für die Birne **Olivenöl, Orangensaft, Zitronensaft,** beide **Senfsorten, Honig** und etwas **Chili-Gewürzmischung** kräftig zu einer Vinaigrette verrühren und abschmecken. • Die **Birne** schälen, vierteln, entkernen und in dünne Spalten schneiden. Die Vinaigrette darüberträufeln, vermengen und ziehen lassen, bis das Wurzelgemüse fertig gebacken ist. • Die Auflaufform aus dem Ofen nehmen und das Gemüse etwas abkühlen lassen. Noch sehr warm mit der marinierten Birne vermengen, etwas ruhen lassen, dann in zwei Bowls geben, nach Belieben mit **Kürbiskernen** bestreuen und servieren.

TIPPS Ofengemüse ist bei mir ein echter Dauerbrenner. Die Schärfe der Vinaigrette darf gern spürbar sein, da das Wurzelgemüse eine schöne Eigensüße mitbringt. Wenn du möchtest, kannst du noch grob zerbröselten Ziegen- oder Hirtenkäse über die Bowls streuen. Probiere auch mal in Gemüsebrühe gegarten Reis oder gedämpften Couscous dazu. Und natürlich kannst du zum Ofengemüse auch Fleisch oder Fisch vom Grill oder geröstete Bacon-Scheiben servieren.

VEGANE VARIANTE Für ein veganes Gericht Agavendicksaft, Reissirup oder eine Prise Zucker statt Honig nehmen.

Nährwerte für 1 Portion: 431 kcal – 26 g F, 10 g E, 33 g KH, 19 g B

25 Minuten

Sommersalat-Bowl
mit gegrillter Ananas

Für 2 Personen

FÜR DEN SALAT

1 Dose Mais (abgetropft 285 g)
1 Dose Kidneybohnen (abgetropft 250 g)
je 1 rote, gelbe und grüne Paprikaschote (insgesamt 480 g)
½ große Salatgurke (ca. 250 g)
1 mittelgroße rote Zwiebel (50 g)
2 Stängel glatte Petersilie

FÜR DAS DRESSING

1 TL Senf
1 TL körniger Senf
1 TL Honig
2 EL Olivenöl
2 EL heller Balsamico-Essig
1–2 Prisen Salz
1–2 Prisen schwarzer Pfeffer aus der Mühle

FÜR DIE GEGRILLTE ANANAS

2 dicke Scheiben Ananasfruchtfleisch (à 125 g)
Salz
1 EL Olivenöl

Für den Salat **Mais** und **Kidneybohnen** abbrausen und abtropfen lassen. Alle **Paprikaschoten** waschen, entkernen, in etwa 1 cm große Würfel schneiden und in eine Schüssel geben. Die **Salatgurke** waschen, längs halbieren, mit einem Teelöffel entkernen und 1–2 cm groß würfeln. Die **Zwiebel** schälen und in feine Streifen schneiden. Mais, Kidneybohnen, Gurken und Zwiebeln zu den Paprikawürfeln geben und alles vermischen. • Für das Dressing alle **Zutaten** kräftig verrühren und abschmecken. Über den Salat träufeln, vermengen, abschmecken und nach Geschmack nachwürzen. Den Salat in zwei Bowls füllen. • Für die gegrillte Ananas die **Ananasscheiben** von beiden Seiten leicht **salzen.** Das **Olivenöl** in einer beschichteten Grillpfanne erhitzen und die Ananasscheiben darin von beiden Seiten kurz scharf grillen (pro Seite 90 Sekunden), dabei aufpassen, dass die Frucht nicht anbrennt, sondern nur leicht Farbe annimmt. (Alternativ auf dem Gas- oder Holzkohlegrill zubereiten.) • Die gegrillten Ananasscheiben grob in Ecken oder Würfel schneiden und auf den Salaten anrichten. Die **Petersilie** abbrausen, trocken schütteln, die Blätter abzupfen und über die Bowls streuen.

TIPP Die gegrillte Ananas kannst du auch als fruchtige Beilage zu gebratenem oder gegrilltem Hähnchen servieren, zum Beispiel zu Roadkill Chicken (siehe Seite 167).

VEGANE VARIANTE Statt Honig Reissirup, Ahornsirup, Agavendicksaft oder eine Prise Zucker verwenden.

Nährwerte für 1 Portion: 531 kcal – 19 g F, 16 g E, 66 g KH, 40 g B

LAKTOSEFREI

VEGETARISCH

GLUTENFREI

FREI VON RAFFINIERTEM ZUCKER

Gegrillte Ananas im Salat habe ich zum ersten Mal vor über 20 Jahren in Monte Carlo bei Wolfgang Joop gegessen. Er hat diesen fantastischen Salat selbst zubereitet und ich war sofort begeistert. Seitdem kommt gegrillte Ananas oft in den Sommersalat.

10–15 Minuten plus mind. 20 Minuten Ruhezeit und ca. 20 Minuten Backzeit

Mini-Auberginenpizzen
mit Schinken und Käse

Für 2 Personen

2 mittelgroße Auberginen (à 250 g)
Salz
100 g Parmesan
200 g Tomatensauce (Fertigprodukt)
80 g feine Schinkenwürfel

Den Backofen auf 180 °C Umluft vorheizen. • Die **Auberginen** waschen, putzen und in 1 cm dicke Scheiben schneiden. Die Schnittflächen leicht **salzen** und mindestens 20 Minuten ziehen lassen (besser länger). • Den **Parmesan** reiben. Die Auberginenscheiben vorsichtig ausdrücken, nebeneinander auf ein mit Backpapier ausgelegtes Backblech legen und die **Tomatensauce** darübergeben. Mit **Schinkenwürfeln** belegen, den Parmesan darüberstreuen und im vorgeheizten Ofen etwa 20 Minuten backen. • Herausnehmen, die Auberginenpizzen auf zwei Teller geben und sofort genießen.

TIPP Dazu passt ein grüner Salat sehr gut.

VARIANTEN MIT THUNFISCH-, SALAMI- ODER SARDELLENBELAG

Die Auberginenscheiben lassen sich nach Geschmack auch anders belegen, zum Beispiel mit Thunfisch Natur aus der Dose: einfach das Fischfleisch etwas mit einer Gabel auseinanderziehen und auf der Tomatensauce platzieren. Dazu passen dann feine rote Zwiebelstreifen. Ich liebe als Belagvariante außerdem fein geschnittene Salami oder Sardellen mit Kapern – superwürzig!

Nährwerte für 1 Portion: 367 kcal – 21 g F, 28 g E, 11 g KH, 9 g B

LAKTOSEFREI

GLUTENFREI

FREI VON RAFFINIERTEM ZUCKER

LAKTOSEFREI

GLUTENFREI

FREI VON RAFFINIERTEM ZUCKER

15 Minuten plus 40 Minuten Backzeit

Gerösteter Rosenkohl mit Schinkenspeck und Parmesan

Für 2 Personen
500 g Rosenkohl
100 g geräucherte Schinkenspeckwürfel
2 EL Olivenöl
1 TL flüssiger Honig
Salz
Chilipulver, Chiliflocken oder Chilisauce (z. B. Sriracha-Chilisauce) nach Geschmack
60 g Parmesan
1 guter Spritzer Zitronensaft

Den Backofen auf 175 °C Umluft vorheizen. • Den **Rosenkohl** putzen, waschen und abtropfen lassen. Die Röschen längs halbieren und in eine große Auflaufform geben, in der sie gut nebeneinander liegen können. • Die **Speckwürfel** darüberstreuen, mit **Olivenöl** und **Honig** beträufeln, mit **Salz** und **Chili** nach Geschmack würzen und vermengen. Im vorgeheizten Ofen 25 Minuten backen, zwischendurch einmal wenden, damit der Rosenkohl gleichmäßig röstet und das austretende (super rauchig schmeckende) Speckfett sich gut verteilt. • **Parmesan** hobeln oder grob reiben. Die Auflaufform aus dem Ofen nehmen, den **Zitronensaft** über den Rosenkohl träufeln und vermengen. Mit Parmesan bestreuen und weitere 15 Minuten im Ofen gratinieren. • Herausnehmen und aus der Form servieren.

TIPP Der Ofenrosenkohl schmeckt pur super. Du kannst dazu aber auch in Gemüsebrühe gegarte Quinoa reichen. Ich liebe dieses Rosenkohlgericht außerdem als deftige Beilage beim Wintergrillen – es passt zum Beispiel zu Hähnchen oder Lachsforelle.

Nährwerte für 1 Portion: 398 kcal – 21 g F, 32 g E, 13 g KH, 11 g B

VEGETARISCH

GLUTENFREI

20 Minuten plus 35 Minuten Backzeit

Süßkartoffel-Bowl mit Feldsalat

Für 2 Personen

FÜR DAS OFENGEMÜSE

1 große Süßkartoffel (500 g)
1 mittelgroße rote Zwiebel (50 g)
2 rote Paprikaschoten (insgesamt 320 g)
1 mittelscharfe rote Chilischote (alternativ 1 getrocknete Chili; nach Belieben)
1 ½ EL Olivenöl
1 TL geräuchertes Paprikapulver
1 TL Zitronensaft
Salz

FÜR DEN SALAT

150 g Feldsalat
1 EL Olivenöl
1 EL Balsamico-Creme
1 TL körniger Senf
1 Prise Salz
1–2 Prisen schwarzer Pfeffer aus der Mühle

FÜR DAS TOPPING

3 EL griechischer Joghurt Natur (10 % Fett)

Den Backofen auf 185 °C Umluft vorheizen. Für das Ofengemüse die **Süßkartoffel** schälen und gleichmäßig in etwa 3 cm große Würfel schneiden. Die **Zwiebel** schälen und in Spalten schneiden. Beide **Paprikaschoten** waschen, entkernen und in Streifen schneiden. Falls verwendet, die **Chilischote** waschen, entkernen und in Ringe schneiden. • Alles in eine große Auflaufform geben, vermischen und verteilen; das Gemüse soll mehr nebeneinander als aufeinander liegen. **Olivenöl, Paprikapulver** und **Zitronensaft** darübergeben, mit **Salz** würzen und mit den Händen gut vermengen. Im vorgeheizten Ofen 35 Minuten rösten, dabei zweimal wenden, damit das Gemüse gleichmäßig bräunt. • Währenddessen für den Salat den **Feldsalat** waschen, trocken schleudern und in eine Schüssel geben. Die restlichen **Zutaten** kräftig zu einem Dressing verrühren und abschmecken. Über den Feldsalat träufeln, mit den Händen vorsichtig vermengen und noch mal abschmecken. • Das Gemüse aus dem Ofen nehmen und einmal durchrühren. Dann abwechselnd mit dem Feldsalat in zwei Bowls oder große Schalen geben. Den **Joghurt** cremig rühren, die Bowls damit toppen und sofort servieren.

TIPP Ich finde, dass es einen großen Unterschied macht, ob man Gemüse und Salat mithilfe von Besteck vermengt oder ob man die Hände dazu nimmt: Das Dressing verbindet sich viel besser mit Gemüse und Salat, wenn man per Hand mischt.

Nährwerte für 1 Portion: 443 kcal – 18 g F, 9 g E, 59 g KH, 13 g B

30 Minuten

Mediterrane Grillgemüse-Bowl
mit Kartoffel-Wedges

Für 2 Personen

FÜR DAS GRILLGEMÜSE

400 g in der Schale gegarte Drillinge (sehr kleine Kartoffeln)
1 rote Paprikaschote (160 g)
1 gelbe Paprikaschote (160 g)
250 g grüner Spargel
2 kleine Zucchini (insgesamt 220 g)
½–1 TL Salz
3 EL Olivenöl

FÜR DEN RUCOLASALAT

80 g Rucola
2 EL Olivenöl
1 TL Zitronensaft
1 TL Honig
2–3 Msp. fein abgeriebene Biozitronenschale
2 Prisen Salz
1–2 Prisen schwarzer Pfeffer aus der Mühle

AUSSERDEM

2 Grillschalen
Gas- oder Holzkohlegrill

Den Gas- oder Holzkohlegrill vorheizen. • Für das Grillgemüse die **Kartoffeln** längs vierteln. Beide **Paprikaschoten** waschen, entkernen und in 2–3 cm breite Streifen schneiden. Den **Spargel** schälen und die holzigen Enden knapp entfernen. Die **Zucchini** waschen und leicht diagonal in 2 cm dicke Scheiben schneiden. **Salz** und **Olivenöl** in einer kleinen Schale verrühren. • Kartoffeln und Paprika in die eine, Zucchini und Spargel in die zweite Grillschale geben. Mit dem gesalzenen Olivenöl bestreichen und mit den Händen vermengen. • Die Grillschale mit Kartoffeln und Paprika auf den Grill setzen und bei direkter Hitze etwa 12 Minuten grillen, dabei mehrfach wenden, damit alles gleichmäßig bräunt. • Nach wenigen Minuten auch die zweite Schale mit Spargel und Zucchini auf den Grill geben und 6–8 Minuten grillen, dabei mehrfach wenden. Beide Schalen vom Grill nehmen und etwas abkühlen lassen. (Sehr dünnen Spargel vorzeitig vom Rost nehmen, sodass er noch leichten Biss behält.) • Inzwischen für den Rucolasalat den **Rucola** waschen, trocken schleudern und in eine Schüssel geben. Alle restlichen **Zutaten** kräftig zu einem Dressing verrühren, abschmecken, über den Rucola träufeln und vermischen. Den Rucolasalat in zwei Bowls füllen. • Das warme Grillgemüse in die Bowls geben und sofort servieren.

TIPP Wer mag, mischt einige Minzeblättchen unter den Salat.

VARIANTE AUS DEM BACKOFEN Den Backofen auf 180 °C Umluft vorheizen. Zunächst die Grillschale mit Kartoffeln und Paprika in den vorgeheizten Ofen geben und 30 Minuten backen, dabei zwischendurch wenden. Nach etwa 10 Minuten die zweite Grillschale mit Spargel und Zucchini hineingeben und 15–20 Minuten mitbacken, zwischendurch wenden. Ansonsten wie oben angegeben vorgehen.

Nährwerte für 1 Portion: 457 kcal – 26 g F, 11 g E, 43 g KH, 12 g B

LAKTOSEFREI

VEGETARISCH

GLUTENFREI

FREI VON RAFFINIERTEM ZUCKER

Der Grill läuft bei uns das ganze Jahr. Fleisch, Gemüse, Fisch – alles lässt sich ganz wunderbar auf dem Rost zubereiten. Das spart Fett und schmeckt durch die schönen Röstaromen, die es inklusive gibt, auch noch richtig gut. Dieser Salat kann wahlweise auf dem Grill oder im Backofen zubereitet werden. Und natürlich dürfen die Gemüsesorten immer etwas variieren. Ganz rustikal direkt vom Grill in die Salatschale, Rucola untermischen – fertig!

LAKTOSEFREI

FREI VON RAFFINIERTEM ZUCKER

20 Minuten

Kopfsalat Caesar-Style

Für 2 Personen

FÜR DEN SALAT

2 kleine Kopfsalate (à ca. 150 g)
45–50 g Parmesan

FÜR DIE CROÛTONS

2 große Scheiben Sauerteigbrot ohne Rinde (à 50 g)
1 sehr kleine Knoblauchzehe
1 EL Olivenöl
1 Prise Salz

FÜR DAS DRESSING

1 sehr frisches Eigelb (Größe M)
3 Sardellenfilets
1 Knoblauchzehe
1–2 TL Dijon-Senf
100 ml Olivenöl
1 ½ TL Zitronensaft
2 Prisen Salz
1–2 Prisen schwarzer Pfeffer aus der Mühle

Für den Salat Wasser in eine große Schüssel füllen und die **Kopfsalate** darin im Ganzen gründlich kopfüber waschen (das Wasser zwischendurch wechseln) und abtropfen lassen. Dann einzeln in je ein Küchentuch einschlagen und gut trocken schütteln, so bleibt ihre Form erhalten. • Für die Croûtons das **Brot** in 1,5 cm kleine Würfel schneiden. Die **Knoblauchzehe** schälen und fein in eine Schale reiben. Das **Olivenöl** dazugeben, vermengen und **salzen.** Das Knoblauchöl in einer beschichteten Pfanne auf niedriger Stufe erhitzen und die Brotwürfel darin langsam unter häufigem Wenden knusprig backen, dabei aufpassen, dass sie nicht zu dunkel werden. Auf Küchenpapier abtropfen lassen. • Für das Dressing das **Eigelb** in einen hohen Mixbecher geben. Die **Sardellenfilets** fein hacken, die **Knoblauchzehe** schälen und fein reiben. Beides mit den restlichen **Zutaten** zum Eigelb geben und mit dem Stabmixer langsam zu einem Dressing mixen, dabei am Becherboden beginnen und den Stabmixer während des Mixens leicht hochziehen, so erhält man die typische Mayonnaisetextur. Wichtig: Nur so lange mixend hochziehen, wie die Konsistenz noch leicht flüssig ist. Je länger gemixt wird, desto fester das Dressing. Abschmecken und nach Wunsch nachwürzen. • Den **Parmesan** hobeln. • Die Kopfsalate in zwei große, tiefe Schalen geben und das Dressing gleichmäßig darübergeben. Den Parmesan zwischen den Blättern verteilen, mit den Croûtons bestreuen und servieren.

Dieses Dressing habe ich von einer meiner vielen New-York-Reisen mitgebracht. Seitdem bereite ich Caesar-Dressing immer genau so zu. Kombiniert mit dem Kopfsalat, den ich im Restaurant „Grill Royal" in Berlin liebgewonnen habe, ist dieses besondere Rezept entstanden.

Nährwerte für 1 Portion: 644 kcal – 60 g F, 11 g E, 13 g KH, 2 g B

25 Minuten

Pellkartoffeln mit Spreewaldgurken-Kräuter-Quark

Für 2 Personen

FÜR DIE PELLKARTOFFELN
800 g Drillinge (sehr kleine Kartoffeln)
Salz

FÜR DEN QUARK
1 kleines Bund Dill
1 kleines Bund Schnittlauch
125 g Spreewaldgurken
250 g Quark (20 % Fett)
4 EL Spreewaldgurkensud (nach Bedarf etwas mehr)
1 TL Senf
1 gute Prise Zucker
2–3 Prisen Salz
1–2 Prisen schwarzer Pfeffer aus der Mühle

Für die Pellkartoffeln die **Drillinge** waschen, ungeschält in einen Topf geben, mit Wasser bedecken, **salzen,** aufkochen und etwa 20 Minuten gar kochen. • Inzwischen für den Quark **Dill** und **Schnittlauch** waschen, trocken schütteln und fein hacken. Die **Spreewaldgurken** fein würfeln, 2 TL davon zum Garnieren beiseitestellen. Kräuter und Gurkenwürfel mit dem **Quark** in eine Schüssel geben. **Gurkensud, Senf, Zucker, Salz** und **Pfeffer** hinzufügen, vermengen und abschmecken. In eine Schale füllen und mit den beiseitegestellten Gurkenwürfeln garnieren. • Die Kartoffeln abgießen und ungepellt mit dem Gurken-Kräuter-Quark servieren.

TIPP Wer möchte, pellt die Kartoffeln. Ich selbst liebe es, diese kleinen Pellkartoffeln mit Schale zu essen.

FRUCHTIGE VARIANTE Probiere mal aus: einen halben Apfel entkernen, raspeln und unter den Kräuterquark mischen – Apfel, Kräuter und Gurke sind ein super Match!

Wenn es frische Kartoffeln gab, hat mein Vater immer Kartoffeln mit Quark und Leinöl zubereitet. Da ich kein Leinölfan bin, habe ich den Quark einfach etwas abgewandelt, um noch mehr Pfiff reinzubringen. Wer aber Leinöl mag, kann gern noch einen Schuss darübergeben. Supergesund!

Nährwerte für 1 Portion: 462 kcal – 7 g F, 25 g E, 71 g KH, 9 g B

VEGETARISCH

GLUTENFREI

LAKTOSEFREI
VEGETARISCH
GLUTENFREI
FREI VON RAFFINIERTEM ZUCKER

20 Minuten plus ca. 25 Minuten Garzeit

Kürbis-Curry-Suppe
mit Ingwer und Kokosmilch

Für 2 Personen

FÜR DIE SUPPE

2 kleine Zwiebeln (insgesamt 90 g)
2 EL Olivenöl (alternativ Raps- oder Sonnenblumenöl)
1 daumengroßes Stück Ingwer (15 g)
1 TL Currypulver
½ Hokkaidokürbis (450 g)
Salz
750 ml Gemüsebrühe
250 ml Kokosmilch
½ TL Honig (nach Belieben)
1–2 Spritzer Zitronensaft
1–2 Prisen schwarzer Pfeffer aus der Mühle

FÜR DAS TOPPING

20 g Kürbiskerne
1 TL Kürbiskernöl

Für die Suppe die **Zwiebeln** schälen, fein würfeln, mit dem **Olivenöl** in einen großen Topf geben und bei niedriger Hitze etwa 5 Minuten glasig dünsten, dabei zwischendurch umrühren. Sobald sich genügend Zwiebelsaft abgesetzt hat, den **Ingwer** schälen und fein über die Zwiebeln reiben, alternativ sehr fein würfeln. Mit **Currypulver** bestäuben und weitere 5 Minuten bei niedriger Hitze unter gelegentlichem Rühren dünsten. • In der Zwischenzeit den **Kürbis** entkernen, waschen, schadhafte Stellen in der Schale wegschneiden und klein würfeln. Zu den Curry-Zwiebeln in den Topf geben, leicht **salzen,** die **Gemüsebrühe** angießen und zum Kochen bringen. Die Hitze reduzieren, den Deckel schräg aufsetzen und etwa 25 Minuten weich köcheln lassen. • Inzwischen für das Topping die **Kürbiskerne** in einer beschichteten Pfanne ohne Fett rösten, bis sie anfangen zu duften. Etwas abkühlen lassen und grob hacken. • Die **Kokosmilch** zur Suppenmischung geben, dann im Standmixer oder mit dem Stabmixer nach Belieben fein oder mittelfein pürieren und noch mal kurz erhitzen. Mit **Honig, Zitronensaft, Salz** und **Pfeffer** abschmecken. • Die Suppe in zwei Schalen füllen, mit den Kürbiskernen bestreuen, mit **Kürbiskernöl** beträufeln und genießen.

VEGANE VARIANTE Statt Honig Ahornsirup, Reissirup, Agavendicksaft oder eine Prise Zucker verwenden.

Nährwerte für 1 Portion: 490 kcal – 42 g F, 11 g E, 21 g KH, 9 g B

15–20 Minuten plus 20–25 Minuten Garzeit

Schnelle Thai-Curry-**Süßkartoffelsuppe**

Für 2 Personen

FÜR DIE SUPPE
2 kleine Zwiebeln (insgesamt 90 g)
2 EL Olivenöl (alternativ Raps- oder Sonnenblumenöl)
2 ½ TL rote Thai-Currypaste
1 große Süßkartoffel (500 g)
Salz
400 ml Gemüsebrühe
150 ml Kokosmilch
1 TL Zitronensaft
1–2 Prisen schwarzer Pfeffer aus der Mühle

FÜR DAS TOPPING
2 Stängel Koriander
1 TL geröstete Sesamsaat

Für die Suppe die **Zwiebeln** schälen, fein würfeln, mit dem **Olivenöl** in einen Topf geben und bei niedriger Hitze unter gelegentlichem Rühren etwa 5 Minuten glasig dünsten, zwischendurch umrühren. Sobald sich genügend Zwiebelsaft abgesetzt hat, die **Thai-Currypaste** zugeben und unter gelegentlichem Rühren mit andünsten. • Inzwischen die **Süßkartoffel** schälen und klein würfeln. Zum Curry-Zwiebel-Mix in den Topf geben und 3 Minuten mitdünsten. Mit **Salz** leicht würzen, die **Gemüsebrühe** angießen und zum Kochen bringen. Die Hitze reduzieren, den Deckel schräg aufsetzen und 20–25 Minuten weich köcheln, dabei gelegentlich umrühren. • Die **Kokosmilch** zur Suppe geben, dann im Standmixer oder mit dem Stabmixer fein und sämig pürieren. Mit **Zitronensaft, Salz** und **Pfeffer** abschmecken, bei Bedarf noch mal 1 Minute erhitzen. • Für das Topping den **Koriander** abbrausen, trocken schütteln und die Blätter abzupfen. Die Suppe in zwei Schalen füllen, mit Koriander und **Sesam** bestreuen und servieren.

Ich liebe die thailändische Suppe Tom Kha Gai, die klassisch mit Hähnchenfleisch zubereitet wird. In meiner vegetarischen Variante kommt mit der Süßkartoffel aber noch etwas mehr Pfiff rein.

Nährwerte für 1 Portion: 472 kcal – 27 g F, 6 g E, 52 g KH, 9 g B

LAKTOSEFREI

VEGAN

GLUTENFREI

FREI VON RAFFINIERTEM ZUCKER

LAKTOSEFREI

GLUTENFREI

FREI VON RAFFINIERTEM ZUCKER

In Asien gibt es Currys in den unterschiedlichsten Varianten. Auf meinen vielen beruflichen Reisen rund um die Welt habe ich in Thailand Fischcurry echt lieben gelernt. Eine einfache Variante habe ich aus meiner Erinnerung zu Hause nachgekocht und daraus ist dieses Rezept entstanden.

20 Minuten

Easy Fischcurry
mit Kokosmilch

Für 2 Personen

FÜR DAS CURRY

2 kleine Zwiebeln (insgesamt 90 g)
2 Knoblauchzehen
2 EL Sonnenblumenöl
2 TL rote oder gelbe Thai-Currypaste (nach Wahl)
Salz
250 ml Kokosmilch
150 ml Gemüsebrühe
1 TL Honig (alternativ 2 Prisen Zucker)
1 rote Paprikaschote (160 g)
150 g TK-Erbsen
1 große Karotte (120 g)
400 g Fischfilet ohne Haut nach Wahl (z. B. Lachsfilet, Zander, Kabeljau), eventuell restliche Gräten entfernt
150 g küchenfertig geschälte Garnelen (Darmfäden entfernt)
1 TL Zitronen- oder Limettensaft
1–2 Prisen schwarzer Pfeffer aus der Mühle

FÜR DAS TOPPING

2 Stängel Koriander
1 TL geröstete Sesamsaat

Für das Curry **Zwiebeln** und **Knoblauchzehen** schälen, fein würfeln, mit dem **Sonnenblumenöl** in einen Topf geben und etwa 5 Minuten bei niedriger Hitze glasig dünsten, zwischendurch wenden. • Die **Thai-Currypaste** dazugeben, etwa 1 Minute mitdünsten, dann zwei Prisen **Salz, Kokosmilch, Gemüsebrühe** und **Honig** hinzufügen und zum Köcheln bringen. Nach Wunsch fein pürieren oder leicht stückig lassen. • Inzwischen die **Paprikaschote** waschen, entkernen, fein würfeln und mit den **Erbsen** dazugeben. Die **Karotte** schälen, mit dem Julienneschneider in feine Streifen hobeln und ebenfalls zum Curry geben. Das **Fischfilet** grob in 3 cm große Würfel schneiden und mit den **Garnelen** hinzufügen. Bei niedriger Hitze 5 Minuten ziehen lassen, sodass das Fischfilet nicht trocken wird, sondern nur schonend glasig gart. • Für das Topping den **Koriander** abbrausen, trocken schütteln und die Blätter abzupfen. • Das Fischcurry mit **Zitrussaft, Salz** und **Pfeffer** kräftig abschmecken. In Schalen füllen, mit Koriander und **Sesam** toppen und servieren.

TIPP Du kannst rote oder gelbe Thai-Currypaste verwenden, jede Paste führt zu einem etwas anderen Ergebnis: Bei der gelben Thai-Currypaste treten gern Zitronengras, Kurkuma und Ingwer als Geschmackskomponenten hervor, bei der roten Thai-Currypaste dominieren die Chilischoten.

Nährwerte für 1 Portion: 744 kcal – 45 g F, 57 g E, 23 g KH, 10 g B

20 Minuten plus 20–25 Minuten Garzeit

Wintergemüsesuppe
mit Orangen-Petersilien-Topping

Für 2 Personen

FÜR DIE SUPPE
2 kleine Zwiebeln (insgesamt 90 g)
2 EL Olivenöl
1 große Pastinake (240 g)
1 Stück Knollensellerie (280 g)
80 g trockener Weißwein oder Wermut (Noilly Prat)
Salz
500 ml Gemüsebrühe
100 g Sahne (30 % Fett)
1 TL Zitronensaft
1–2 Prisen schwarzer Pfeffer aus der Mühle

FÜR DAS TOPPING
1 mittelgroße Orange (250 g)
1 kleines Bund glatte Petersilie
1 kleine, milde rote Chilischote
1 EL Olivenöl
1 TL körniger Senf
1 Prise Salz
1 Prise schwarzer Pfeffer aus der Mühle

Für die Suppe die **Zwiebeln** schälen, fein würfeln, mit dem **Olivenöl** in einen Topf geben und bei niedriger Hitze etwa 5 Minuten glasig dünsten, zwischendurch umrühren. • Inzwischen **Pastinake** und **Sellerie** schälen und in kleine Würfel schneiden. Zu den Zwiebeln geben und unter gelegentlichem Rühren 5 Minuten mitdünsten. • Den **Weißwein** angießen und etwa 3 Minuten bei niedriger Hitze im offenen Topf einköcheln lassen. Mit **Salz** leicht würzen, die **Gemüsebrühe** angießen und zum Kochen bringen. Die Hitze reduzieren, den Deckel schräg aufsetzen und 20–25 Minuten weich köcheln. • In der Zwischenzeit für das Topping die **Orange** gut waschen und etwas Schale fein abreiben (es sollten 2 Msp. sein). Die Frucht so schälen, dass auch die weiße Haut entfernt wird, dann die Orangenfilets aus den Segmenten schneiden (den Saft dabei auffangen), fein würfeln und mit der abgeriebenen Schale in eine Schüssel geben. Die **Petersilie** abbrausen, trocken schütteln, fein schneiden und dazugeben. Die **Chilischote** waschen, putzen, entkernen, in Ringe schneiden und hinzufügen. **Olivenöl, Senf, Salz** und **Pfeffer** einrühren und abschmecken. • Die **Sahne** zur Suppe geben, dann im Standmixer oder mit dem Stabmixer fein und sämig pürieren. Mit **Zitronensaft, Salz** und **Pfeffer** abschmecken und noch mal kurz erhitzen. • Die Suppe in zwei Schalen füllen, mit dem Orangen-Petersilien-Topping verfeinern und servieren.

TIPP Statt Pastinake passt auch Petersilienwurzel sehr gut. Für eine kräftig-würzige Note kannst du auch zwei bis drei kleine Topinamburen (insgesamt 100 g) mitkochen.

Nährwerte für 1 Portion: 414 kcal – 32 g F, 7 g E, 16 g KH, 11 g B

VEGETARISCH

GLUTENFREI

FREI VON RAFFINIERTEM ZUCKER

Wie man eine gute Suppe zubereitet, habe ich von meiner Oma Herzberg gelernt. Sie konnte die besten deftigen Suppen kochen. Gerade im Winter ist eine wärmende Suppe das Beste, was man zu sich nehmen kann. Diese Wintergemüsesuppe schmeckt auch am nächsten und übernächsten Tag wunderbar.

20–25 Minuten plus 15 Minuten Garzeit

Cremige **Erbsen-Gartenkräuter-Suppe** mit gebratenen Garnelen

Für 2 Personen

FÜR DIE SUPPE

2 kleine Zwiebeln (insgesamt 90 g)
1 Knoblauchzehe
2 EL Olivenöl
600 g TK-Erbsen
Salz
500 ml Gemüsebrühe
150 g Kräuter-Doppelrahm-frischkäse
2 EL TK-Gartenkräuter plus etwas mehr zum Garnieren
1 TL Zitronensaft
1–2 Prisen schwarzer Pfeffer aus der Mühle

FÜR DIE GARNELEN

1 EL Olivenöl
1 Knoblauchzehe
200 g küchenfertig geschälte rohe Garnelen (Darmfäden entfernt)
1 guter Spritzer Orangensaft (alternativ Zitronen- oder Limettensaft)
2 Prisen Salz
1 Prise schwarzer Pfeffer aus der Mühle

Für die Suppe **Zwiebeln** und **Knoblauchzehe** schälen, fein würfeln, mit dem **Olivenöl** in einen großen Topf geben und bei niedriger Hitze etwa 5 Minuten glasig dünsten, zwischendurch umrühren. • Die **Erbsen** einrühren, mit **Salz** leicht würzen und 3–4 Minuten mitdünsten (falls sie schon angetaut sind, nur 1–2 Minuten). Etwa 5 EL Erbsen zum Garnieren beiseitestellen. • **Gemüsebrühe** angießen und zum Kochen bringen. Die Hitze reduzieren, den Deckel schräg aufsetzen und 15 Minuten weich köcheln. • **Frischkäse** und **Kräuter** einrühren, dann im Standmixer oder mit dem Stabmixer fein pürieren. Mit **Zitronensaft, Salz** und **Pfeffer** abschmecken und nochmals leicht erhitzen. Warm halten. • Für die Garnelen das **Olivenöl** in einer beschichteten Pfanne auf niedriger Stufe erhitzen. Inzwischen die **Knoblauchzehe** schälen, sehr fein würfeln oder zerdrücken, in die Pfanne geben und glasig dünsten. Die Hitze erhöhen, die **Garnelen** dazugeben und von beiden Seiten kurz braten. Mit einem Spritzer **Zitrussaft, Salz** und **Pfeffer** abschmecken und die beiseitegestellten Erbsen hinzugeben. Alles kurz erhitzen. • Die Suppe in zwei Schalen füllen, mit dem Garnelen-Erbsen-Mix toppen und nach Belieben mit **Kräutern** garniert servieren.

Ich liebe Erbsen – ob als Beilage, püriert oder direkt frisch aus der Schote. Und die Kombination von Erbsen und Garnelen ist der Hammer. Absolut lecker!

Nährwerte für 1 Portion: 654 kcal – 35 g F, 29 g E, 36 g KH, 18 g B

GLUTENFREI
FREI VON RAFFINIERTEM ZUCKER

COMFORT FOOD

Wohlfühlgerichte und Seelenfutter

Da sind sie wieder, meine heiß geliebten Spreewaldgurken! Ganz gleich, ob in Kartoffelsalat (siehe Seite 146) oder Soljanka (siehe Seite 163), als Relish (siehe Seite 53) oder schickes Tatar (siehe Seite 64), pur gesnackt oder in der Sauce hier – echte Spreewaldgurken gehen immer! Eben eine heiß geliebte Kindheitserinnerung …

20 Minuten

Schneller Feierabend-Burger
mit Spreewaldgurken

Für 2 Personen

FÜR BELAG UND BUNS

4 mittelgroße Salatblätter (z. B. Kopfsalat oder Eisbergsalat)
2 kleinere Rispentomaten (insgesamt ca. 100 g)
1 kleine rote Zwiebel (40 g)
2 Burger-Buns oder Brioche-Brötchen (à 60 g)

FÜR DIE PATTIES

400 g Rinderhackfleisch
3 Prisen Salz
1 Prise schwarzer Pfeffer aus der Mühle
1 EL Butterschmalz

FÜR DIE SAUCE

80 g Spreewaldgurken, abgetropft
3 EL Spreewaldgurkensud
4 EL leichte Salatmayonnaise (15 % Fett)
2 EL Ketchup
1 Prise Salz
1 Prise schwarzer Pfeffer aus der Mühle
Chilipulver, Chiliflocken oder Chilisauce (z. B. Sriracha-Chilisauce) nach Geschmack

Für den Belag die **Salatblätter** waschen und trocken tupfen. Die **Tomaten** waschen und in dünne Scheiben schneiden, die Stielansätze dabei wegschneiden. Die **Zwiebel** schälen und in sehr feine Ringe schneiden. • Für die Patties das **Rindfleisch** mit **Salz** und **Pfeffer** würzen und zu zwei Patties formen. Das **Butterschmalz** in einer beschichteten Pfanne erhitzen und die Patties darin bei mittlerer Hitze langsam von jeder Seite etwa 5 Minuten medium garen. • Inzwischen die **Buns** waagerecht halbieren und mit den Schnittflächen nach unten in einer beschichteten Grillpfanne ohne Fett leicht rösten. Die Buns sollten innen schön saftig und weich und die Schnittflächen knusprig sein. • Für die Sauce die **Spreewaldgurken** sehr fein würfeln und in eine Schüssel geben. Die restlichen **Zutaten** hinzugeben, vermengen, abschmecken und nach Belieben nachwürzen. • Die unteren Bun-Hälften mit etwas Sauce bestreichen. Dann je ein Salatblatt, je zwei Tomatenscheiben und einige Zwiebelringe auflegen. Die heißen Patties daraufsetzen, mit Sauce bestreichen, dann wieder ein Salatblatt, Tomatenscheiben und Zwiebeln daraufschichten. Die Schnittflächen der oberen Bun-Hälften dünn mit der restlichen Sauce bestreichen, sodass sie nicht heruntertropft, locker auflegen, die Burger mit je einem Holzspieß fixieren und sofort servieren.

TIPPS Für einen schnellen Cheeseburger einfach nach dem Wenden der Patties noch je eine Scheibe Lieblingskäse darauflegen und 3–4 Minuten schmelzen lassen. Natürlich lassen sich die Patties auch auf dem Gas-, Elektro- oder Holzkohlegrill perfekt garen. Du kannst nach Lust und Laune weiteres Gemüse dünn aufschneiden und zum Belegen nehmen, zum Beispiel einige Salatgurkenscheiben oder Paprikastreifen.

Nährwerte für 1 Portion: 868 kcal – 50 g F, 45 g E, 56 g KH, 4 g B

10 Minuten plus ca. 25 Minuten Backzeit

Ofen-Maishähnchen
mit Tomate und Mozzarella

Für 2 Personen

FÜR DIE HÄHNCHENBRÜSTE

1 TL Olivenöl
4 kleine bis mittelgroße Maishähnchenbrustfilets (à 150 g)
Salz
3 Rispentomaten (insgesamt 250 g)
1 Kugel Mozzarella (à 125 g), abgetropft

FÜR DIE MARINADE

1 große Knoblauchzehe
1 EL Olivenöl
2 Prisen Salz
½ TL edelsüßes Paprikapulver
½ TL geräuchertes Paprikapulver
½ TL Honig
1 Prise geriebene Muskatnuss
1–2 Prisen schwarzer Pfeffer aus der Mühle
2 Msp. abgeriebene Biozitronenschale

Den Backofen auf 170 °C Umluft vorheizen. • Für die Hähnchenbrüste eine flache Auflaufform mit dem **Olivenöl** ausstreichen. • Die **Hähnchenbrustfilets** abbrausen und mit Küchenpapier trocken tupfen. Dann rundum **salzen** und an der Oberfläche zur Muskelfaser jeweils drei- bis viermal einschneiden, dabei oben ansetzen und leicht diagonal nach unten schneiden, sodass Taschen entstehen. Dann nach Belieben von den Seiten horizontal noch eine kleine Tasche einschneiden und in die Auflaufform legen. • Die **Tomaten** waschen, Stielansätze entfernen und in 1–2 cm dicke Scheiben schneiden. Die **Mozzarellakugel** in 0,5 cm dünne Scheiben schneiden. • Für die Marinade die **Knoblauchzehe** schälen und durch eine Knoblauchpresse in eine Schale drücken. Die restlichen **Zutaten** hinzufügen, kräftig verrühren und abschmecken. • Die Taschen der Hähnchenbrustfilets mit Marinade ausstreichen. Jede Tasche etwa mit einer Tomaten- und Mozzarellascheibe füllen und mit der restlichen Marinade bestreichen. Im vorgeheizten Ofen etwa 25 Minuten garen. • Aus dem Ofen nehmen und sofort servieren.

TIPPS Dazu passt ein frischer Blattsalat sehr gut. Mein Extratipp für dich: etwas mehr Marinade zubereiten, in Spalten geschnittene Kartoffeln damit überziehen und auf einem zweiten Backblech als Röstkartoffel-Beilage mitgaren. Wer es Low Carb haben möchte, mariniert stattdessen etwas dicker geschnittene Zucchinistifte und röstet sie mit – richtig gut!

VARIANTE Ich variiere dieses Rezept gern und gebe zum Beispiel noch fein geschnittene Zucchinischeiben mit in die Hähnchentaschen.

Nährwerte für 1 Portion: 630 kcal – 28 g F, 82 g E, 12 g KH, 1 g B

Ein Dauerbrenner in meiner Küche! Gefüllte Maishähnchenbrust lieben wir alle – das Rezept geht superschnell und schmeckt immer sensationell lecker. Bei der Marinade darf man gern mit Kräutern und Gewürzen nach Wahl variieren, je nachdem, was gerade da ist.

GLUTENFREI

FREI VON RAFFINIERTEM ZUCKER

LAKTOSEFREI

GLUTENFREI

FREI VON RAFFINIERTEM ZUCKER

Wir lieben es würzig, immer lieber etwas deftiger als zu lasch. Diese Rouladen leben von Sardellen und Kapern, die zusammen mit Tomaten, Knoblauch und Oliven ordentlich Kraft auf den Teller bringen. Lässt sich super vorbereiten, wenn Besuch kommt!

45 Minuten plus 25 Minuten Backzeit

Würzige Kohlrouladen
mit Quinoa in Tomatensauce

Für 2 Portionen (ergibt 6 kleine Rouladen)

FÜR DIE KOHLROULADEN

Salz
1 Spitzkohl (mit gut erhaltenen Außenblättern; 600 g)
150 g Quinoa
50 g entsteinte grüne Oliven
50 g getrocknete, in Öl eingelegte Tomaten, abgetropft
20 g Kapern aus dem Glas, abgetropft
1 kleine Dose in Öl eingelegte Sardellen (ca. 35 g Abtropfgewicht)

FÜR DIE TOMATENSAUCE

1 Gemüsezwiebel (150 g)
2 EL Olivenöl
3 Knoblauchzehen
50 ml Weißwein (alternativ Wermut)
600 g stückige Tomaten aus der Dose
½ TL Salz
1 TL Honig
1 EL dunkler Balsamico-Essig
Chilipulver, Chiliflocken oder Chilisauce (z. B. Sriracha-Chilisauce) nach Geschmack

Für die Kohlrouladen **Salzwasser** in einem Topf aufkochen. Den **Spitzkohl** waschen, sechs äußere Blätter ablösen und 90 Sekunden blanchieren. Abgießen, 1 Minute in eine Schüssel mit Wasser und Eiswürfeln legen, abgießen und abtropfen lassen. • Für die Tomatensauce den restlichen Spitzkohl fein würfeln, den Strunk dabei entfernen. Die **Gemüsezwiebel** schälen, fein würfeln, mit **Olivenöl** in einen Topf geben und bei niedriger Hitze etwa 5 Minuten glasig dünsten. Den Spitzkohl dazugeben. **Knoblauchzehen** schälen, zerdrücken oder reiben, zum Kohl geben, umrühren und unter gelegentlichem Rühren weitere 5 Minuten dünsten. Mit **Weißwein** ablöschen und 3 Minuten einköcheln lassen. • **Tomaten, Salz, Honig, Balsamico-Essig** und **Chili** nach Geschmack einrühren und bei niedriger Hitze köcheln lassen. Nach Belieben die Sauce mit dem Stabmixer grob oder fein pürieren. • Parallel dazu die **Quinoa** in einem feinen Sieb abbrausen und in einen Topf geben. **Oliven** und **getrocknete Tomaten** fein würfeln und mit den **Kapern** zur Quinoa geben. Von den **Sardellen** 1 EL Öl beiseitestellen. Sardellen fein hacken, mit dem restlichen Sardellenöl in den Topf geben, 300 ml Wasser angießen und zum Kochen bringen. 15 Minuten bei niedriger Hitze offen köcheln lassen, dann auf ausgeschalteter Herdplatte abgedeckt 5 Minuten ruhen lassen. Mit einer Gabel auflockern und abschmecken. • Inzwischen den Backofen auf 175 °C Umluft vorheizen. • Die blanchierten Kohlblätter ausbreiten, jeweils 2–3 EL Quinoa-Füllung in die Mitte geben, die Seiten etwas einschlagen, zu Rouladen aufrollen und mit Küchengarn zusammenbinden. Das beiseitegestellte Sardellenöl in einer beschichteten Pfanne erhitzen und die Rouladen darin rundum leicht anbraten. • Die Tomatensauce in eine Auflaufform geben. Die Rouladen in die Sauce setzen und 25 Minuten im vorgeheizten Ofen backen.

TIPP Pro Roulade wird ein Kohlblatt gebraucht. Wenn die Blätter zu klein sein sollten, verwende zwei Blätter pro Roulade.

Nährwerte für 1 Portion: 650 kcal – 23 g F, 28 g E, 81 g KH, 17 g B

20 Minuten plus ca. 90 Minuten Garzeit

Rote Bete aus dem Ofen
mit Büffelmozzarella und Pestosauce

Für 2 Personen

FÜR OFEN-BETEN UND MOZZARELLA

1 kg Rote Beten (6–7 mittelgroße Knollen)
2–3 Prisen Fingersalz
3 Stängel Basilikum
250 g Büffelmozzarella
1 mittelgroße rote Zwiebel (50 g)
25 g geröstete Pinienkerne

FÜR DIE PESTOSAUCE

3 TL Basilikumpesto (Fertigprodukt)
1 EL Olivenöl
1 TL Limetten- oder Zitronensaft

Für die Ofen-Beten die **Roten Beten** waschen, auf ein mit Backpapier ausgelegtes Backblech setzen, in den kalten Backofen geben, auf 180 °C Umluft regeln und etwa 90 Minuten garen, bis sie weich sind. Die Schale wird dabei schrumpelig und lässt sich nach dem Garen gut entfernen. • Herausnehmen und lauwarm abkühlen lassen. Dann die Schale abziehen, die Knollen vierteln oder achteln, in zwei Schalen oder auf Teller geben und mit **Fingersalz** bestreuen. • Für die Pestosauce alle **Zutaten** kräftig verrühren und abschmecken. • Das **Basilikum** abbrausen, trocken schütteln und die Blätter abzupfen. Den **Büffelmozzarella** grob in Stücke zupfen und zwischen den Rote-Bete-Stücken verteilen. Die **Zwiebel** schälen, in hauchdünne Streifen schneiden und in die Zwischenräume stecken. Mit der Pestosauce beträufeln, mit Basilikum garnieren, mit **Pinienkernen** bestreuen und genießen.

TIPP Anstelle von Büffelmozzarella passt auch Burrata sehr gut – gezupft oder im Ganzen auf den Beten angerichtet. So wird es noch cremiger!

FINGERSALZ Fingersalz sind dicke, oft pyramidenförmige Meersalzkristalle, die, wie der Name bereits andeutet, zwischen den Fingern zerrieben werden. Es gibt den Speisen einen wunderbar crunchigen Touch.

Nährwerte für 1 Portion: 717 kcal – 43 g F, 32 g E, 49 g KH, 14 g B

VEGETARISCH
GLUTENFREI
FREI VON RAFFINIERTEM ZUCKER

LAKTOSEFREI
VEGETARISCH
FREI VON RAFFINIERTEM ZUCKER

15 Minuten plus ca. 40 Minuten Backzeit

Pasta mit würziger **Ofengemüse-Sauce** und Parmesan

Für 2 Personen

FÜR DIE SAUCE

2 rote Zwiebeln (insgesamt 110 g)
2 Knoblauchzehen
1 mittelgroße, feste Zucchini (140 g)
2 rote Paprikaschoten (insgesamt 320 g)
400 g kleine Kirschtomaten
3 EL Olivenöl
2 EL dunkler Balsamico-Essig
1 EL flüssiger Honig
Salz
Chilipulver, Chiliflocken oder Chilisauce (z. B. Sriracha-Chilisauce) nach Geschmack

FÜR DIE PASTA

200 g Pasta nach Wahl
Salz
50 g Parmesan

Den Backofen auf 180 °C Umluft vorheizen. • Für die Sauce die **Zwiebeln** schälen und in Spalten schneiden. Die **Knoblauchzehen** schälen und fein hacken. Die **Zucchini** waschen und in Stücke schneiden. Die **Paprikaschoten** waschen, entkernen und ebenfalls in Stücke schneiden. Die **Kirschtomaten** waschen. • Das vorbereitete Gemüse in eine große Auflaufform geben. **Olivenöl, Balsamico-Essig** und **Honig** darüberträufeln, **salzen, Chili** nach Geschmack hinzugeben und vermengen. Im vorgeheizten Ofen etwa 40 Minuten rösten, zwischendurch zweimal wenden, damit das Gemüse gleichmäßig bräunt. • Für die Pasta kurz vor Ende der Garzeit die **Nudeln** nach Packungsangaben in kochendem **Salzwasser** al dente garen. • Die Auflaufform aus dem Ofen nehmen, das Gemüse im Standmixer zu einer feinen Sauce pürieren und abschmecken. (Alternativ den Stabmixer verwenden.) • Den **Parmesan** grob hobeln. Die Pasta in ein Sieb abgießen, wieder in den Topf geben, die Hälfte der Gemüsesauce einrühren und 1 Minute erhitzen, damit sich Pasta und Sauce optimal verbinden. In zwei tiefe Teller geben, mit der restlichen Sauce toppen und mit dem Parmesan garniert sofort servieren.

TIPP Sollte etwas Gemüsesauce übrig bleiben: einfach im Kühlschrank aufbewahren und am nächsten Tag Fisch (zum Beispiel Lachsfilet oder Zander) darin dünsten und mit grünem Spargel und Kartoffeln (am besten vom Grill) servieren.

Wer liebt nicht Nudeln? Oder wie wir heute alle sagen: Pasta. Wie du ja weißt, liebe ich Ofengemüse, weil so einfach eine megatolle Kombination der Aromen entsteht. Deshalb gibt's das hier als Saucenvariante auf Nudeln.

Nährwerte für 1 Portion: 718 kcal – 25 g F, 25 g E, 93 g KH, 7 g B

25 Minuten

Schweinegeschnetzeltes
mit Apfel und Bacon

Für 2 Personen

FÜR DIE BACON-CHIPS
4 Scheiben Bacon
(insgesamt 40 g)

FÜR DAS GESCHNETZELTE
400 g Schweinefilet
Salz
1 ½ EL Butterschmalz
1 Gemüsezwiebel (160 g)
1 mittelgroßer Apfel (150 g)
200 g Sahne (30 % Fett)
150 ml kräftige Gemüsebrühe
1 TL Senf
3 Frühlingszwiebeln (75 g)
1 große Karotte (120 g)
1 TL Speisestärke (bei Bedarf)
schwarzer Pfeffer aus
der Mühle
1 Spritzer Zitronensaft

VARIANTE MIT PILZEN

Wenn du Pilze liebst, kannst du sie mitbraten: 250 g in Scheiben geschnittene Champignons mit den Zwiebelstreifen anbraten.

Für die Bacon-Chips den **Bacon** in einer beschichteten Pfanne knusprig braten und auf Küchenpapier abtropfen lassen. Das Bacon-Fett aufbewahren. • In der Zwischenzeit für das Geschnetzelte das **Schweinefilet** in 2 cm dicke Streifen schneiden und leicht **salzen.** 1 EL **Butterschmalz** in einer Pfanne erhitzen, die Fleischstreifen darin bei mittlerer Hitze 4 Minuten rundum braten. Auf einen Teller geben, beiseitestellen. • Die **Gemüsezwiebel** schälen und in Streifen schneiden. Das restliche **Butterschmalz** in der gleichen Pfanne auf mittlerer Stufe erhitzen, die Zwiebelstreifen darin 5 Minuten glasig dünsten. Währenddessen den **Apfel** schälen, 1–1,5 cm klein würfeln, hinzugeben, die Hitze etwas erhöhen und 3 Minuten braten, zwischendurch umrühren. **Sahne** und **Brühe** angießen, den **Senf** dazugeben und bei niedriger Hitze 3 Minuten einköcheln lassen. • Inzwischen die **Frühlingszwiebeln** waschen, putzen und in feine Ringe schneiden, einige grüne Ringe zum Garnieren zurücklegen. Die **Karotte** schälen und mit dem Julienneschneider in sehr feine Streifen hobeln. Frühlingszwiebeln und Karottenstreifen in die Pfanne geben und unterheben. Die Fleischstreifen ebenfalls einrühren und 3 Minuten erhitzen. • Sollte der Garsud zu flüssig sein, 1 TL **Speisestärke** mit 1 TL Wasser glatt rühren, in das Geschnetzelte einrühren und einmal kurz aufkochen lassen. Mit **Salz, Pfeffer, Zitronensaft** und nach Belieben mit Bacon-Fett kräftig abschmecken. • Das Geschnetzelte in zwei Schalen füllen, die Bacon-Chips grob darüber zerbröseln, mit Frühlingszwiebelringen bestreuen und servieren.

Es klingt etwas dekadent, schmeckt aber köstlich: Auch Schnitzel bereite ich immer aus Schweinefilet zu. Dadurch wird es noch feiner.

Nährwerte für 1 Portion: 760 kcal – 51 g F, 55 g E, 19 g KH, 5 g B

GLUTENFREI

FREI VON RAFFINIERTEM ZUCKER

TIPPS Dazu passt gegarter Reis oder Spätzle. Das Bacon-Fett schmeckt wunderbar kräftig und rauchig. Es kann auch für andere Gerichte verwendet werden, zum Beispiel zum Abschmecken von Pasta-Mischungen.

20 Minuten (ohne Kapern)

Brotsalat mit bunten Tomaten, Avocado und Basilikum

Für 2 Personen

FÜR DIE BROTWÜRFEL
1 Zweig Rosmarin
1 Zweig Thymian
3 dicke Scheiben dunkles Roggenbrot (insgesamt 200 g)
3 EL Olivenöl
2 Knoblauchzehen
1 Prise Salz

FÜR DEN SALAT
600 g bunte Rispentomaten (in möglichst vielen Farben)
1 Hass-Avocado (150 g)
2 Prisen Salz
1 Prise schwarzer Pfeffer aus der Mühle
2 EL Olivenöl
2 EL Balsamico-Creme
6 Stängel Basilikum

FÜR DAS TOPPING
1 EL frittierte Kapern (nach Belieben; siehe Seite 142)

Für die Brotwürfel **Rosmarin** und **Thymian** abbrausen und gut trocken schütteln. Das **Brot** in 3 cm große Würfel schneiden. Die Kräuter mit dem **Olivenöl** in eine beschichtete Pfanne geben und auf kleiner bis mittlerer Stufe erhitzen. Die **Knoblauchzehen** schälen, halbieren, in die Pfanne geben und vermengen. Die Brotwürfel hinzufügen und langsam unter gelegentlichem Wenden außen knusprig und innen saftig rösten. Aufpassen, dass weder Brot noch Kräuter und Knoblauch anbrennen, sie sollen nur wohlig-duftend rösten, das dauert gut 5–6 Minuten. Dann die Brotwürfel **salzen** und vom Herd nehmen. • Für den Salat die **Tomaten** waschen, die Stielansätze entfernen, grob vierteln und in eine Schüssel geben. Die **Avocado** halbieren, entkernen, das Fruchtfleisch auslösen, grob würfeln und zu den Tomaten geben. Mit **Salz** und **Pfeffer** würzen, dann **Olivenöl** und **Balsamico-Creme** hinzufügen. Das **Basilikum** abbrausen, trocken schütteln, die Blätter abzupfen und zum Salat geben. • Die warmen Brotwürfel unterheben und sofort servieren.

Ich liebe Brotsalat mit saftigem dunklem Roggenbrot. Und: Es müssen dicke Brotwürfel sein, keine kleinen Croûtons! Meist bereite ich diesen Salat als Resteverwertung zu, wenn wir Brot haben, dass man toasten würde, um es noch zu essen. Übrigens: Von den Brotwürfeln röste ich immer die doppelte Menge – die knabbert mein Mann ratzfatz weg auf dem Sofa.

Nährwerte für 1 Portion: 584 kcal – 41 g F, 10 g E, 48 g KH, 6 g B

LAKTOSEFREI

VEGAN

10 Minuten plus 2 Stunden Trocknungszeit und 2 Stunden Abtropfzeit

Frittierte Kapern

Für 4–6 Portionen

50 g Kapern aus dem Glas
250 ml Sonnenblumenöl zum Frittieren (nach Bedarf mehr, je nach Topfbreite)

Die **Kapern** in ein Sieb geben und gut abtropfen lassen. Dann auf doppelt gelegtem Küchenpapier 2 Stunden trocknen lassen. • Das **Sonnenblumenöl** in einem schmalen Topf auf 180 °C erhitzen und die Kapern darin portionsweise (sie sollten nebeneinander Platz haben) 2–3 Minuten frittieren, bis sie wie Popcorn leicht aufblühen. • Herausheben und auf doppelt gelegtem Küchenpapier rund 2 Stunden abtropfen lassen.

KAPERN UND KAPERNÄPFEL Kapern sind geschlossene Blütenknospen des Kapernstrauchs, die geerntet und eingelegt werden. Kapernäpfel sind dagegen die deutlich größeren, ausgereiften Früchte, die mit Stiel eingelegt werden. Diese eignen sich allerdings nicht optimal zum Frittieren.

Ein echter Geheimtipp! Frittierte Kapern habe ich zum ersten Mal im Restaurant des Campingplatzes „Himmelreich“ bei Potsdam, der Freunden von uns gehört, gegessen. Sie gehören zu meinen Lieblingstoppings, weil sie super zum Brotsalat (siehe Seite 140), zu Spaghetti Puttanesca-Style (siehe Seite 145) oder zu Suppen und Salaten passen. Am besten gleich die doppelte Portion zubereiten, luftdicht in einer Box aufbewahren und in den nächsten Tagen vielfältig einsetzen – die frittierten Kapern sind auch auf einer Stulle wunderbar!

Nährwerte für 1 Portion: 39 kcal – 4 g F, 0 g E, 0 g KH, 0 g B

LAKTOSEFREI

VEGAN

GLUTENFREI

FREI VON RAFFINIERTEM ZUCKER

LAKTOSEFREI
FREI VON RAFFINIERTEM ZUCKER

25 Minuten (ohne Kapern)

Spaghetti Puttanesca-Style

Für 2 Personen

FÜR DIE SPAGHETTI

1 Zwiebel (50 g)
2 große Knoblauchzehen
1 kleine rote Chilischote
2 EL Olivenöl
6 Sardellenfilets (ca. 30 g), abgetropft
100 g entsteinte schwarze Oliven
1–2 Zweige Oregano (alternativ ¼ TL getrockneter Oregano)
1 EL Kapern aus dem Glas, abgetropft
400 g gehackte Tomaten aus der Dose
Salz
200 g Spaghetti

FÜR DAS TOPPING

2 Stängel Basilikum
1 EL frittierte Kapern (nach Belieben; siehe Seite 142)

Für die Spaghetti **Zwiebel** und **Knoblauchzehen** schälen und fein würfeln. Die **Chilischote** waschen, entkernen und in feine Streifen schneiden. Alles mit dem **Olivenöl** in einen großen Topf geben und bei niedriger Hitze unter gelegentlichem Rühren etwa 6 Minuten glasig dünsten. Die **Sardellen** nach 2 Minuten hinzugeben und mitdünsten, sie dürfen zerfallen, sodass sie nicht mehr erkennbar sind. • Die **Oliven** halbieren. Den **Oregano** abbrausen, trocken schütteln und die Blätter abzupfen. Die **Kapern** nach Belieben grob hacken. Alles mit den **Tomaten** ebenfalls in den Topf geben, zum Kochen bringen und bei schräg aufgelegtem Deckel etwa 15 Minuten einköcheln lassen, dabei gelegentlich umrühren. Dann abschmecken und eventuell nachwürzen. • In der Zwischenzeit **Salzwasser** in einem großen Topf zum Kochen bringen und die **Spaghetti** darin nach Packungsangaben al dente kochen. • Für das Topping das **Basilikum** abbrausen, trocken schütteln und die Blätter abzupfen. • Die Spaghetti in ein Sieb abgießen, zur Sauce in den Topf geben, vermengen und noch 1 Minute auf niedriger Stufe erhitzen, sodass sich Sauce und Spaghetti gut verbinden. • Das Spaghetti-Gericht in zwei tiefe Teller füllen, mit Basilikum garnieren, nach Belieben frittierte **Kapern** darüberstreuen und sofort servieren.

Ein All-Time-Favorit bei uns zu Hause, besser gesagt bei meinem Mann. Durch die Sardellen wird die Sauce unglaublich würzig und am liebsten gibt's dazu noch frittierte Kapern (siehe Seite 142). Macht ein bisschen süchtig!

Nährwerte für 1 Portion: 615 kcal – 22 g F, 18 g E, 84 g KH, 6 g B

20 Minuten plus 20–25 Minuten Garzeit
und mind. 90 Minuten Ruhezeit

Lieblingskartoffelsalat

Für 4 Personen

FÜR DEN SALAT

1,5 kg festkochende Kartoffeln
Salz
3 Eier (Größe M)
1 Zwiebel (50 g)
200 g Fleischwurst
1 Dose Erbsen (abgetropft 285 g)
1 Dose kleine Karotten (abgetropft 265 g)
200 g Spreewaldgurken aus dem Glas, abgetropft
1–2 Prisen schwarzer Pfeffer aus der Mühle

FÜR DAS DRESSING

3 TL mittelscharfer Bautz'ner Senf (alternativ Senf nach Wahl)
150 g Salatmayonnaise (50 % Fett)
80–100 ml Spreewald-gurkensud aus dem Glas

Für den Salat die **Kartoffeln** waschen, ungeschält in einen Topf geben, mit **Salzwasser** bedecken, aufkochen und 20–25 Minuten garen. Abgießen, die Pellkartoffeln kurz ruhen lassen, noch sehr warm pellen und abkühlen lassen. • Inzwischen die **Eier** wahlweise wachsweich (6–7 Minuten) oder hart (8 Minuten) kochen, dann abgießen, kalt abschrecken und abkühlen lassen. • Die **Zwiebel** schälen und fein würfeln, die **Fleischwurst** etwas gröber würfeln. **Erbsen** und **Karotten** abgießen und abtropfen lassen, die Karotten in feine Scheiben schneiden. Die **Spreewald-gurken** fein würfeln. Die Eier schälen und würfeln. Alles in eine große Schüssel geben. • Die Pellkartoffeln grob würfeln oder in Scheiben schneiden, ebenfalls in die Schüssel geben und mit den Händen vorsichtig alles vermengen, dann mit **Salz** und **Pfeffer** würzen. • Für das Dressing **Senf, Mayonnaise** und **Gurkensud** glatt rühren und nach und nach unter den Kartoffelsalat heben. Mit **Salz** und **Pfeffer** abschmecken und mindestens 90 Minuten bei Raumtemperatur ziehen lassen. • Noch mal abschmecken, nach Belieben nachwürzen und genießen.

TIPPS An Weihnachten passen dazu Würstchen. Oder serviere den Kartoffelsalat im Sommer zum BBQ. Wenn der Salat etwas durchgezogen ist, gern noch etwas Gurkensud zum Nachwürzen angießen, so wird die Konsistenz wieder etwas saftiger. Du kannst den Salat auch am Vortag vorbereiten: abgedeckt im Kühlschrank ziehen lassen und mindestens 2 Stunden vor dem Servieren herausnehmen, sodass er Raumtemperatur annimmt.

BAUTZ'NER SENF Dieser traditionelle Senf wird im sächsischen Bautzen hergestellt. Der mittelscharfe Bautz'ner Senf mit seinem typischen leichten Meerrettichgeschmack gehört dabei zu den beliebtesten Senfsorten. Logisch: In meinem Kühlschrank darf er nie fehlen.

Nährwerte für 1 Portion: 598 kcal – 24 g F, 18 g E, 73 g KH, 8 g B

GLUTENFREI

Kein Weihnachtsfest ohne diesen Kartoffelsalat, auf den sich immer alle freuen. Ja, das Grundrezept ist simpel, bodenständig und sicher kein Diätessen. Und trotzdem – oder gerade deshalb? – ist es ein absolutes Herzensgericht: Papas Kartoffelsalat. Bis heute bereite ich ihn genauso zu, immer im großen Kochtopf. Einfach Soulfood pur.

FREI VON RAFFINIERTEM ZUCKER

Nachdem mich Wolfgang Joop in Potsdam entdeckt hatte, schickte er mich zu Heidi Gross von Model Management nach Hamburg. Sie nahm mich in ihre Agentur auf und lud meinen Mann und mich am ersten Abend zu sich zum Essen ein. Dort gab es ihre berühmte Lachs-Spinat-Lasagne, die ich seitdem gern nachkoche.

20 Minuten plus Auftauzeit über Nacht und ca. 40 Minuten Backzeit

Lachs-Spinat-Lasagne
à la Heidi von Model Management

Für 4 Personen

FÜR DEN SPINAT
800 g TK-Blattspinat, aufgetaut
2 Zwiebeln (insgesamt 110 g)
3 Knoblauchzehen
2 EL Olivenöl
Salz
schwarzer Pfeffer aus der Mühle

FÜR DEN FISCH
600 g frisches Lachsfilet ohne Haut, eventuell restliche Gräten entfernt
3 Prisen Salz

FÜR DIE BÉCHAMELSAUCE
40 g Butter
40 g Weizenmehl (Type 405)
250 ml kräftige Gemüsebrühe
250 g Cremefine (7 % Fett)
60 g Parmesan
Salz
schwarzer Pfeffer aus der Mühle
1 Msp. geriebene Muskatnuss
1 TL Zitronensaft
2 Msp. abgeriebene Biozitronenschale

FÜR DIE LASAGNEE
50 g Parmesan
10–12 Lasagneblätter (ca. 200 g)
100 g geriebener Mozzarella (aus dem Kühlregal)

Für den Spinat am Vorabend den **TK-Spinat** in ein Sieb geben, in eine Schüssel stellen und abgedeckt über Nacht im Kühlschrank auftauen lassen. • Am nächsten Tag **Zwiebeln** und **Knoblauchzehen** schälen, fein würfeln, mit dem **Olivenöl** in einen Topf geben und auf mittlerer Stufe 5 Minuten unter gelegentlichem Rühren glasig dünsten. Den Spinat gut ausdrücken, in den Topf geben, einrühren und kräftig mit **Salz** und **Pfeffer** würzen. Vom Herd nehmen. • Für den Fisch den **Lachs** von beiden Seiten leicht **salzen** und grob in etwa 5 cm große Stücke schneiden. • Für die Béchamelsauce die **Butter** in einem Topf bei niedriger Hitze zerlassen. Das **Mehl** einstreuen und unter ständigem Rühren anschwitzen. Nach und nach etwas **Gemüsebrühe** einrühren, dann die restliche **Gemüsebrühe** mit der **Cremefine** angießen, unter Rühren aufkochen und im offenen Topf bei mittlerer Hitze 10 Minuten köcheln lassen, dabei mehrfach umrühren. • Den **Parmesan** reiben, in die Sauce rühren und schmelzen lassen. Kräftig mit **Salz, Pfeffer** und **Muskatnuss** abschmecken und mit **Zitronensaft** und **Zitronenschale** verfeinern. • Den Backofen auf 175 °C Umluft vorheizen. • Für die Lasagne den **Parmesan** grob raspeln. Etwas Béchamelsauce in einer Auflaufform verteilen, dann eine Schicht **Lasagneblätter** (etwa drei Stück) hineinlegen, mit etwas Spinat bedecken und etwas Sauce darübergeben. Auf die gleiche Weise die Zutaten schichten, dabei mittig eine Schicht Lachs auf Lasagneblättern platzieren und mit Spinat und Sauce abschließen. Zum Schluss mit Parmesan und **Mozzarella** bestreuen. • Im vorgeheizten Ofen auf der mittleren Schiene etwa 40 Minuten backen. • Aus dem Ofen nehmen, 5 Minuten ruhen lassen und heiß servieren.

Nährwerte für 1 Portion: 917 kcal – 52 g F, 57 g E, 53 g KH, 8 g B

20 Minuten plus ca. 30 Minuten Garzeit

Gebratene Schupfnudeln
mit Sauerkraut, Apfel und Speck

Für 2 Personen

FÜR DAS SAUERKRAUT
125 g geräucherte Schinkenspeckwürfel
½ TL Kümmelsamen (nach Belieben)
1 Gemüsezwiebel (160 g)
1 kleiner Apfel (125 g)
1 Glas fertiges Sauerkraut (550 g)
200 ml Gemüsebrühe (nach Bedarf etwas mehr)
50 ml Weißwein
Salz
schwarzer Pfeffer aus der Mühle
1 Prise Zucker

FÜR DIE SCHUPFNUDELN
1 ½ EL Butterschmalz
500 g Schupfnudeln (Fertigprodukt aus dem Kühlregal)
Salz

Für das Sauerkraut die **Speckwürfel** in einem Topf bei mittlerer Hitze etwa 5 Minuten auslassen, sodass sie im eigenen Fett langsam braten, dabei zwischendurch wenden. • Nach Belieben den **Kümmel** dazugeben und 2 Minuten mitrösten. Inzwischen die **Gemüsezwiebel** schälen, in feine Streifen oder Würfel schneiden, einrühren und weitere 5 Minuten unter gelegentlichem Rühren glasig dünsten. Währenddessen den **Apfel** schälen, entkernen, fein würfeln und zum Schinken-Zwiebel-Mix geben. • Das **Sauerkraut** samt Flüssigkeit hinzufügen, **Gemüsebrühe** und **Weißwein** angießen und zum Köcheln bringen. Den Deckel schräg aufsetzen und bei kleiner bis mittlerer Hitze etwa 30 Minuten köcheln lassen, dabei nach Bedarf noch etwas mehr **Brühe** hinzufügen. • In der Zwischenzeit für die Schupfnudeln das **Butterschmalz** in einer beschichteten Pfanne auf mittlerer Stufe erhitzen und die **Schupfnudeln** darin rundum braten. Mit **Salz** abschmecken. • Das Sauerkraut mit **Salz, Pfeffer** und **Zucker** abschmecken und auf zwei Teller geben. Die gebratenen Schupfnudeln darauf anrichten und genießen.

TIPPS Der Apfel kann auch weggelassen werden, er bringt allerdings eine fruchtige Note ins Kraut. Alternativ funktionieren auch halbierte kernlose Weintrauben, die mitgeschmort werden. Ich mag es am liebsten, wenn Sauerkraut richtig schön weich eingekocht ist. Wenn du das auch bevorzugst, dann lass es ein wenig länger köcheln.

Schupfnudeln habe ich das erste Mal während meiner Ausbildung zur Hotelfachfrau in München gegessen. (Ja, ich habe etwas Richtiges gelernt.) Gebratene Schupfnudeln sind absolut himmlisch, in Kombination mit Sauerkraut, Apfel und Speck der absolute Knaller.

Nährwerte für 1 Portion: 695 kcal – 19 g F, 30 g E, 88 g KH, 9 g B

LAKTOSEFREI

20 Minuten plus 40 Minuten Backzeit

Gefüllte Paprika
in Tomatensauce

Für 2 Personen

FÜR DIE PAPRIKASCHOTEN

2 große rote Paprikaschoten (à 220 g)
350 g Rinderhackfleisch
1 Zwiebel (50 g)
1 Knoblauchzehe
1 Ei (Größe M)
1 TL Senf
½ TL edelsüßes Paprikapulver
½ TL Salz
1 Prise schwarzer Pfeffer aus der Mühle
Chilipulver, Chiliflocken oder Chilisauce (z. B. Sriracha-Chilisauce) nach Geschmack
2 EL Olivenöl

FÜR DIE TOMATENSAUCE

400 g gehackte Tomaten aus der Dose
1 Knoblauchzehe
2 EL Balsamico-Creme
Salz
Chilipulver, Chiliflocken oder Chilisauce (z. B. Sriracha-Chilisauce) nach Geschmack

Den Backofen auf 185 °C Umluft vorheizen. • Die **Paprikaschoten** waschen, den oberen Teil mit dem Stielansatz als „Deckel" abtrennen, dann entkernen. • Das **Hackfleisch** in eine Schüssel geben. **Zwiebel** und **Knoblauchzehe** schälen und sehr fein hacken, mit **Ei, Senf, Paprikapulver, Salz, Pfeffer** und **Chili** nach Geschmack zum Hack geben und mit den Händen verkneten. Die Paprikaschoten mit der Hackmischung füllen und die „Deckel" aufsetzen. • Das **Olivenöl** in einer ofenfesten Pfanne mit hohem Rand erhitzen. Die Paprikaschoten aufrecht hineinsetzen und anbraten, dabei aufpassen, dass sie unten nicht zu stark bräunen. • Für die Tomatensauce die gehackten **Tomaten** in eine Schüssel geben. Die **Knoblauchzehe** schälen und fein reiben oder zerdrücken und mit der **Balsamico-Creme** zu den Tomaten geben. Vermengen und mit **Salz** und **Chili** nach Geschmack würzen. • Die Tomatenmischung in die Pfanne zu den Paprikaschoten gießen, den Deckel auflegen (alternativ mit Alufolie bedecken), in den vorgeheizten Ofen geben und 40 Minuten backen. • Aus dem Ofen nehmen und die gefüllten Paprikaschoten servieren.

TIPPS Dazu passen gegarter Reis oder gedämpfter Couscous und ein grüner Salat. Sollte nicht die gesamte Hackfleischmenge in die Paprikaschoten passen, den Rest in der Pfanne einfach krümelig mitbraten und unter die Tomatensauce mischen.

Habe ich schon mal erwähnt, dass ich Hackfleisch liebe? In dieser Variante am meisten. Liegt wohl in meinen Genen, denn dieses Gericht hat mein Vater sehr oft zubereitet.

Nährwerte für 1 Portion: 665 kcal – 45 g F, 41 g E, 20 g KH, 7 g B

LAKTOSEFREI
GLUTENFREI

GLUTENFREI

SCHNELLE SAUCENVARIANTE 150 g Paprika-Doppelrahmfrischkäse mit 2 EL Tomatenmark glatt rühren und im Topf langsam erwärmen. Mit Paprikapulver, Salz und Pfeffer würzig abschmecken.

35 Minuten

Fleischbällchen auf Süßkartoffelstampf
mit Paprikarahmsauce

Für 2 Personen

FÜR DIE FLEISCHBÄLLCHEN

30 g eingelegte Sardellen aus der Dose, abgetropft
200 g Rinderhackfleisch
1 Prise Salz
1 Ei (Größe M)
2 TL Kapern aus dem Glas, abgetropft
1 TL Senf
1 TL Ketchup
1 Prise schwarzer Pfeffer aus der Mühle
Chilipulver, -flocken oder -sauce (z. B. Sriracha-Chilisauce) nach Geschmack

FÜR DEN STAMPF

1 große Süßkartoffel (480 g)
300 ml Gemüsebrühe
Salz
1 Prise schwarzer Pfeffer aus der Mühle
1 Spritzer Limetten- oder Zitronensaft
Chilipulver, -flocken oder -sauce (z. B. Sriracha-Chilisauce) nach Geschmack

FÜR DIE RAHMSAUCE

1 Zwiebel (50 g)
1 Knoblauchzehe
2 EL Olivenöl
1 rote Paprikaschote (160 g)
40 g Tomatenmark
1 TL edelsüßes Paprikapulver
½ TL geräuchertes Paprikapulver
150 g Schmand (24 % Fett)
Salz
schwarzer Pfeffer aus der Mühle

Den Backofen auf 170 °C Umluft vorheizen. • Für die Fleischbällchen die **Sardellen** fein hacken, mit den restlichen **Zutaten** in eine Schüssel geben und verkneten. Aus der Masse zehn Hackbällchen formen, auf ein mit Backpapier ausgelegtes Backblech setzen und im vorgeheizten Ofen etwa 25 Minuten backen. • Währenddessen für den Stampf die **Süßkartoffel** schälen, klein würfeln, in einen Topf geben, **Gemüsebrühe** und etwas **Salz** hinzufügen und aufkochen. Den Deckel schräg auflegen und etwa 15 Minuten köcheln lassen. • Parallel dazu für die Rahmsauce **Zwiebel** und **Knoblauchzehe** schälen und fein würfeln. Mit dem **Olivenöl** in einen Topf geben und bei niedriger Hitze 5 Minuten glasig dünsten. Inzwischen die **Paprikaschote** waschen, entkernen, fein würfeln, hinzugeben und unter gelegentlichem Rühren weitere 5 Minuten bei mittlerer Hitze dünsten, die Paprika darf ganz leicht bräunen. **Tomatenmark** und **Gewürze** einrühren, kurz anrösten, dann den **Schmand** unterrühren und bei niedriger Hitze 15 Minuten einköcheln lassen, dabei gelegentlich umrühren. Die Sauce mit dem Stabmixer glatt und leicht schaumig mixen und mit **Salz** und **Pfeffer** abschmecken. • Die Süßkartoffeln abgießen, dabei die Brühe auffangen. Die Süßkartoffeln im Topf zerstampfen, je nach gewünschter Konsistenz **Brühe** hinzugießen und einarbeiten. Mit **Salz, Pfeffer, Zitrussaft** und **Chili** nach Geschmack kräftig würzen. • Den Süßkartoffelstampf auf zwei Teller geben, die Fleischbällchen darauf anrichten und mit der Paprikarahmsauce beträufeln.

Nährwerte für 1 Portion: 1.068 kcal – 70 g F, 52 g E, 59 g KH, 12 g B

20 Minuten plus 3 Stunden Garzeit

Paprikagulasch
mit Zitronen-Gewürz-Schmand

Für 4 Personen

FÜR DAS GULASCH
2 Gemüsezwiebeln (320 g)
4 rote Paprikaschoten (insgesamt 640 g)
2 EL Butterschmalz
Salz
1 kg Rindergulasch, 60 Minuten vorher aus dem Kühlschrank genommen
200 g Tomatenmark
1 ½ TL edelsüßes Paprikapulver
1 ½ TL geräuchertes Paprikapulver
1,2 l Rinderbrühe (nach Bedarf etwas mehr)

FÜR DAS SCHMAND-TOPPING
100 g Schmand (24 % Fett)
3 Msp. Biozitronenschale
3 Msp. Ras el-Hanout
2 Prisen Salz

Für das Gulasch die **Gemüsezwiebeln** schälen und in feine Streifen schneiden. Die **Paprikaschoten** waschen, entkernen und ebenfalls in feine Streifen schneiden. 1 EL **Butterschmalz** in einem großen Topf erhitzen, Zwiebel- und Paprikastreifen darin bei mittlerer Hitze unter gelegentlichem Wenden 5 Minuten anbraten (je nach Topfgröße eventuell portionsweise). Mit **Salz** würzen, in eine Schüssel geben und beiseitestellen. • Das **Fleisch** gut **salzen** und mit den Händen in die Fleischwürfel reiben. Restliches **Butterschmalz** im gleichen Topf erhitzen und die Fleischstücke darin bei starker Hitze rundum anbraten. Nicht zu oft wenden, damit sie wirklich braten und nicht im Saft kochen. • **Tomatenmark** und beide **Paprikapulver** hinzugeben und 2 Minuten mitrösten, dabei aufpassen, dass die Gewürze nicht verbrennen. Die **Rinderbrühe** angießen, den Deckel schräg auflegen und bei niedriger Hitze 2 ½ Stunden köcheln lassen. • Den beiseitegestellten Zwiebel-Paprika-Mix dazugeben und das Gulasch weitere 30 Minuten bei niedriger Hitze köcheln lassen, dabei zwischendurch umrühren und prüfen, ob noch genug Garsud im Topf ist. Nach der Garzeit sollte das Fleisch eine zarte Konsistenz haben. • Für das Schmand-Topping den **Schmand** mit **Zitronenschale, Ras el-Hanout** und **Salz** verrühren. • Das Gulasch abschmecken, auf zwei Schalen verteilen, mit dem gewürzten Schmand toppen und servieren.

TIPPS Dazu passen gegarte Nudeln oder gegarter Reis. Wer es gern Low Carb haben möchte, serviert dazu einen grünen Salat. Auch für einen Ein- oder Zweipersonenhaushalt lohnt es sich, gleich die ganze Menge zu kochen, denn das Gulasch schmeckt am nächsten Tag aufgewärmt wunderbar. Außerdem kannst du es portionsweise bis zu 3 Monate einfrieren.

Nährwerte für 1 Portion: 711 kcal – 47 g F, 47 g E, 21 g KH, 8 g B

GLUTENFREI

FREI VON RAFFINIERTEM ZUCKER

Auch dieses Gericht habe ich aus meiner Erinnerung an die Kochkünste meines Vaters nachkreiert. Ich habe als Kind und Teenager immer zugeschaut, wenn er abends gekocht hat. Gulasch wurde natürlich nur zu besonderen Anlässen zubereitet und zählt bei mir heute absolut zur Kategorie Soulfood!

LAKTOSEFREI
GLUTENFREI

15 Minuten plus ca. 30 Minuten Garzeit

One-Pot-Sauerkraut mit Kassler
und Kartoffeln zum Löffeln

Für 2 Personen

125 g geräucherte Schinkenspeckwürfel
1 Gemüsezwiebel (160 g)
1 kleiner Apfel (125 g)
½ TL Kümmelsamen (nach Belieben)
5 mittelgroße Kartoffeln (insgesamt 470 g)
2 kleine Scheiben geräucherter Kassler (insgesamt 300 g)
1 Glas Sauerkraut (550 g)
250 ml Gemüsebrühe (nach Bedarf etwas mehr)
50 ml Weißwein
1–2 TL Senf
Salz
schwarzer Pfeffer aus der Mühle
1 Prise Zucker

Die **Speckwürfel** in einem großen Topf bei mittlerer Hitze etwa 5 Minuten auslassen, sodass sie im eigenen Fett langsam braten, dabei zwischendurch wenden. • Inzwischen die **Gemüsezwiebel** schälen und in feine Streifen oder Würfel schneiden. Den **Apfel** schälen und fein würfeln. • Falls verwendet, den **Kümmel** zum Speck geben und 2 Minuten mitrösten. Die Zwiebel hinzugeben und unter gelegentlichem Rühren weitere 5 Minuten glasig dünsten. Die Äpfel einrühren und kurz mitgaren. • In der Zwischenzeit die **Kartoffeln** schälen und grob würfeln. Den **Kassler** ebenfalls grob in Würfel schneiden. • Das **Sauerkraut** samt dem Sud in den Topf geben, dann **Gemüsebrühe** und **Weißwein** angießen und zum Köcheln bringen. • Kartoffeln und Kassler zum Kraut geben, unterheben, den Deckel schräg aufsetzen und bei niedriger Hitze etwa 30 Minuten köcheln lassen, dabei zwischendurch umrühren und aufpassen, dass immer ausreichend Garsud im Topf ist. • Das One-Pot-Sauerkraut mit **Senf, Salz, Pfeffer** und **Zucker** abschmecken, in Schalen füllen und genießen.

TIPP Anstelle der Apfelwürfel passen auch halbierte kernlose Trauben.

Ich liebe Sauerkraut, wenn es richtig weich durchgekocht ist – lieber ein bisschen zu lange auf dem Herd als zu kurz. Und lieber einen Schuss mehr Brühe als zu wenig. Diese One-Pot-Variante spart nicht nur Abwasch, hier kommen alle Komponenten besonders kräftig und voller Geschmack zur Geltung.

Nährwerte für 1 Portion: 488 kcal – 8 g F, 52 g E, 44 g KH, 12 g B

20 Minuten plus 3 ½ Stunden Backzeit

Rinderbraten mit Röstgemüse und Apfel-Frühlingszwiebel-Salat

Für 4 Personen

FÜR DEN BRATEN

1 TL Salz
1–2 TL Kreuzkümmel (alternativ Currypulver oder Ras el-Hanout)
5 EL Olivenöl
2 EL Butterschmalz
1,2 kg Rinderhüfte oder Rinderbraten am Stück, mind. 60 Minuten vorher aus dem Kühlschrank genommen

FÜR DAS RÖSTGEMÜSE

6 Schalotten (insgesamt 220 g)
4 Knoblauchzehen
4 große Karotten (insgesamt 440 g)
4 mittelgroße Rote Beten (insgesamt 320 g)
2 Pastinaken (insgesamt 300 g)
2 Fenchelknollen (insgesamt 500 g)

FÜR DEN SALAT

1 großer roter Apfel (250 g)
2–3 Frühlingszwiebeln (ca. 50 g)
2 EL getrocknete Cranberrys
2 Spritzer Zitronensaft
2 Prise Salz
1 EL Walnussöl oder kalt gepresstes (nussiges) Rapsöl

Den Backofen auf 140 °C Umluft vorheizen. • Für den Braten **Salz, Kreuzkümmel** und **Olivenöl** verrühren und die Marinade abschmecken. Das **Butterschmalz** in einer beschichteten Pfanne erhitzen, das **Fleisch** darin rundum jeweils nur wenige Sekunden scharf anbraten. Dann in einen großen Bräter geben und die Hälfte der Marinade einreiben. Den Deckel aufsetzen, in den vorgeheizten Ofen geben und 2 ½ Stunden garen. • In der Zwischenzeit für das Röstgemüse die **Schalotten** schälen und achteln. Die **Knoblauchzehen** schälen und halbieren. Die **Karotten** schälen und in breitere Stifte schneiden. Die **Roten Beten** schälen und achteln. Die **Pastinaken** schälen und in dickere Stifte schneiden. Die **Fenchelknollen** putzen, waschen und längs achteln. Alles in eine Schüssel geben, mit der restlichen Marinade beträufeln und vermengen. • Den Bräter aus dem Ofen nehmen, den Deckel abnehmen und das marinierte Gemüse rings um das Fleisch verteilen. Ohne Deckel wieder in den Ofen geben und weitere 60 Minuten rösten, dabei das Gemüse nach der Hälfte der Garzeit einmal umrühren. • Inzwischen für den Salat den **Apfel** waschen, ungeschält sehr fein würfeln und in eine Schüssel geben. **Frühlingszwiebeln** waschen, putzen, in feine Ringe schneiden und zum Apfel geben. **Cranberrys, Zitronensaft, Salz** und **Nussöl** hinzufügen, vermengen und mindestens 15 Minuten bei Raumtemperatur ziehen lassen. • Den Bräter aus dem Ofen nehmen und 5 Minuten ruhen lassen. Dann das Fleisch in Scheiben schneiden oder nach Wunsch zerzupfen (Pulled Beef), auf zwei Teller geben und mit dem Garsud beträufeln. Das Röstgemüse daneben anrichten, mit Apfel-Frühlingszwiebel-Salat toppen und servieren.

Nährwerte für 1 Portion: 761 kcal – 36 g F, 78 g E, 29 g KH, 9 g B

LAKTOSEFREI

GLUTENFREI

FREI VON RAFFINIERTEM ZUCKER

TIPPS Ich gebe gern einen Löffel Schmand mit auf den Teller. Eine Dip-Komponente zu Fleisch und Gemüse, ganz ohne eine Sauce kochen zu müssen! Wer keinen Bräter mit Deckel hat, verwendet alternativ eine Auflaufform und deckt mit Alufolie oder Backpapier ab.

Soljanka ist ein echter DDR-Klassiker! So viele Kindheitserinnerungen und Emotionen, wie da drinstecken, so unterschiedlich sind die Varianten, die ich schon gegessen habe. Denn Soljanka ist ein Resteessen: Wenn mal Würstchen oder Grillfleisch übrig sind, kommen sie in die Soljanka. Auch durchgekochtes Sauerkraut vom Vortag hat mein Papa gern in den süßsäuerlichen Restetopf gegeben!

GLUTENFREI

20 Minuten plus ca. 20 Minuten Garzeit und Ruhezeit über Nacht

Meine Lieblingssoljanka

Für 4 Personen

FÜR DIE SOLJANKA
200 g geräucherte Schinkenspeckwürfel
5 Zwiebeln (insgesamt 280 g)
3 Knoblauchzehen
4 Paprikaschoten (Farbe nach Wahl; insgesamt 640 g)
200 g Tomatenmark
200 g Jagdwurst
200 g Geflügelwurst
200 g Spreewaldgurken aus dem Glas
150 ml Spreewaldgurkensud aus dem Glas
1 Lorbeerblatt
50 g Ketchup plus eventuell etwas mehr
Chilipulver, Chiliflocken oder Chilisauce (z. B. Sriracha-Chilisauce) nach Geschmack
200 g Salami
1,5 l kräftige Gemüse- oder Fleischbrühe
1–2 TL Senf
1 Spritzer Zitronensaft (nach Belieben)
Salz
schwarzer Pfeffer aus der Mühle

FÜR DAS TOPPING
4 EL saure Sahne (10 % Fett)
2 Msp. abgeriebene Biozitronenschale
2–3 Prisen schwarzer Pfeffer aus der Mühle

Für die Soljanka die **Speckwürfel** in einem Topf bei mittlerer Hitze etwa 5 Minuten auslassen, sodass sie im eigenen Fett langsam braten, dabei zwischendurch wenden. • Die **Zwiebeln** schälen und in feine Spalten schneiden. Die **Knoblauchzehen** schälen und fein würfeln. Beides zum Speck geben und 5 Minuten bei niedriger Hitze glasig dünsten. • Inzwischen die **Paprikaschoten** waschen, entkernen, gleichmäßig würfeln oder in Streifen schneiden, hinzufügen und weitere 5 Minuten unter gelegentlichem Rühren dünsten. Das **Tomatenmark** dazugeben und kurz rösten. • **Jagdwurst** und **Geflügelwurst** würfeln, einrühren und etwa 3 Minuten leicht anbraten. Die **Spreewaldgurken** klein würfeln und hinzufügen. Den **Gurkensud** angießen, **Lorbeerblatt, Ketchup** und **Chili** nach Geschmack einrühren. Die **Salami** würfeln und hinzufügen. Die **Brühe** angießen und ohne Deckel etwa 20 Minuten köcheln lassen. • Den **Senf** in die Soljanka rühren, **Zitronensaft** hinzugeben und nach Bedarf mit **Ketchup, Salz** und **Pfeffer** abschmecken. Über Nacht ruhen lassen. • Am nächsten Tag die Soljanka erhitzen und in vier Schalen geben. • Für das Topping die **saure Sahne** cremig rühren, je 1 EL auf die Portionen geben, mit **Zitronenschale** bestreuen, etwas **Pfeffer** darübermahlen und servieren.

TIPPS Die Soljanka muss gut durchziehen, damit sich die Aromen optimal verbinden. Idealerweise bereitet man sie am Vorabend zu. Du kannst also gern auf Vorrat kochen. Jagdwurst und Geflügelwurst dürfen leicht braten, aber die Salami kommt erst später hinzu, denn durch Braten würde sie trocken werden. Ich liebe es, die Soljanka mit Zitronenschale zu bestreuen, denn so schmeckt das deftige Gericht besonders frisch.

Nährwerte für 1 Portion: 686 kcal – 41 g F, 45 g E, 22 g KH, 3 g B

20 Minuten plus ca. 10 Minuten Garzeit

Cremiges Tomaten-Kokos-Curry
mit Kichererbsen

Für 2 Personen

FÜR DAS CURRY
2 kleine Zwiebeln (insgesamt 90 g)
2 Knoblauchzehen
2 EL Olivenöl
3 TL rote Thai-Currypaste
400 g stückige Tomaten aus der Dose
250 ml Kokosmilch
1 TL Honig (alternativ 2 Prisen Zucker)
1 Glas Kichererbsen (abgetropft 220 g)
250 g gemischtes und vorbereitetes Gemüse nach Wahl (z. B. feine Karottenstreifen, Zucchiniwürfel, Paprikawürfel, Blumenkohlröschen, Brokkoliröschen)
1 TL Zitronen- oder Limettensaft
Salz
1–2 Prisen schwarzer Pfeffer aus der Mühle

FÜR DAS TOPPING
2 Stängel Koriander
2 EL griechischer Joghurt Natur (10 % Fett)
1 TL Schwarzkümmelsamen

Für das Curry **Zwiebeln** und **Knoblauchzehen** schälen, fein würfeln, mit dem **Olivenöl** in einen Topf geben und etwa 5 Minuten bei mittlerer Hitze glasig dünsten, zwischendurch umrühren. • Die **Thai-Currypaste** dazugeben, etwa 1 Minute bei niedriger Hitze mitdünsten, dann **Tomaten** und **Kokosmilch** angießen, den **Honig** hinzufügen und zum Köcheln bringen. Nach Wunsch mit dem Stabmixer fein pürieren oder leicht stückig lassen. • Die **Kichererbsen** abgießen, abtropfen lassen, mit dem vorbereiteten **Gemüse** zur Tomatenmischung geben und etwa 10 Minuten köcheln lassen, dabei die Kochzeit dem hinzugefügten Gemüse anpassen. Mit **Zitronensaft, Salz** und **Pfeffer** kräftig abschmecken. • Für das Topping den **Koriander** waschen, trocken schütteln und die Blätter abzupfen. Den **Joghurt** cremig rühren. • Das Curry in Schalen füllen, mit Joghurt, Koriander und **Schwarzkümmelsamen** toppen und servieren.

TIPPS Wer keinen Koriander mag, nimmt glatte Petersilie. Wichtig: Die Garzeit kann je nach Gemüsesorte und Größe der Stücke variieren, sodass du sie anpassen solltest. Karottenstreifen, Zucchini-, Paprikawürfel, Blumenkohl- und Brokkoliröschen brauchen nicht länger als 10 Minuten Garzeit.

Nährwerte für 1 Portion: 613 kcal – 39 g F, 16 g E, 36 g KH, 9 g B

VEGETARISCH

GLUTENFREI

FREI VON RAFFINIERTEM ZUCKER

Ich stehe total auf Roadkill Chicken! Besonders daran ist, dass das Hähnchen auseinandergenommen wird und flach auf dem Grill oder im Ofen liegt. Das Ganze sieht aus, wie ein auf der Straße überfahrenes Huhn … So nimmt das Hähnchen die Marinade sehr gut auf und gart gleichmäßig. Darunter platziere ich Zitronenscheiben, so bekommt es einen wunderbar frischen und zugleich würzigen Geschmack.

20 Minuten plus mind. 4 Stunden Marinierzeit und 60 Minuten Backzeit

Roadkill Chicken mit Zitrone vom Blech

Für 4 Personen

FÜR DAS HÄHNCHEN
1 küchenfertiges großes Maishähnchen (ca. 1,2 kg)
1 TL Olivenöl
2 Zitronen
3 kleine Zweige Rosmarin
3 Zweige Thymian

FÜR DIE MARINADE
2 Knoblauchzehen
80 ml Olivenöl
1 TL Salz
1 EL Honig
2 EL rauchige BBQ-Sauce (alternativ Teriyaki-Sauce oder kräftiger Ketchup)
1 TL geräuchertes Paprikapulver
1 TL edelsüßes Paprikapulver
2 EL Zitronensaft
Chilipulver, Chiliflocken oder Chilisauce (z. B. Sriracha-Chilisauce) nach Geschmack

Für das Hähnchen das **Maishähnchen** abbrausen und mit Küchenpapier trocken tupfen. Mit einer Geflügelschere rechts und links entlang der Wirbelsäule schneiden und diese heraustrennen. Das Hähnchen ausbreiten (Brustseite oben), das Brustbein mit dem Handballen kräftig herunterdrücken und brechen, damit das Hähnchen flach liegen kann. • Für die Marinade die **Knoblauchzehen** schälen, zerdrücken oder fein reiben und in eine Schüssel geben. Die restlichen **Zutaten** einrühren und abschmecken. • Das Hähnchen ausgebreitet in einen großen Gefrierbeutel geben und etwa zwei Drittel der Marinade gut in das Fleisch reiben. Den Gefrierbeutel möglichst ohne Luft verschließen und im Kühlschrank mindestens 4 Stunden marinieren (oder über Nacht). Die restliche Marinade ebenfalls kalt stellen. • Das Hähnchen mindestens 30 Minuten vor der Zubereitung aus dem Kühlschrank nehmen. • Den Backofen auf 160 °C Umluft vorheizen. • Ein Backblech mit dem **Olivenöl** einpinseln. Die **Zitronen** waschen, in 1 cm dicke Scheiben schneiden und das Blech damit auslegen. Das Hähnchen mit der Brustseite nach oben auf die Zitronenscheiben legen und im vorgeheizten Ofen 50 Minuten garen. • **Rosmarin** und **Thymian** abbrausen und trocken schütteln. Das Hähnchen mit der restlichen Marinade einpinseln, die Kräuterzweige rings um das Hähnchen platzieren und weitere 10 Minuten knusprig garen.

TIPP Dazu passt ein grüner Salat. Oder Kartoffelspalten und Gemüsestücke auf ein zweites Blech legen, mit Kräutern, Gewürzen und Olivenöl mischen und im Ofen mitgaren.

ZUBEREITUNG AUF DEM GRILL Einen Gas- oder Holzkohlegrill vorheizen und das Hähnchen im indirekten Bereich grillen, dabei die Kerntemperatur kontrollieren, die zum Schluss etwa 78 °C betragen sollte. Ich gare das Roadkill Chicken immer auf einem Blech – egal, ob im Ofen oder auf dem Grill.

Nährwerte für 1 Portion: 713 kcal – 48 g F, 61 g E, 7 g KH, 1 g B

30 Minuten plus 35–40 Minuten Backzeit und 10 Minuten Garzeit

Lachsforelle mit Ofenkartoffeln
und Meerrettich-Rahmsauce

Für 2 Personen

FÜR DEN FISCH

1 ½ EL Olivenöl
2 Biozitronen
7 Stängel Dill
Salz
schwarzer Pfeffer aus der Mühle
1 küchenfertige frische oder TK-Lachsforelle (800 g), 60 Minuten vorher aus dem Kühlschrank genommen bzw. dort aufgetaut

FÜR DIE OFENKARTOFFELN

200 g Drillinge (sehr kleine festkochende Kartoffeln)
Salz
1 ½ EL Olivenöl

FÜR DIE RAHMSAUCE

1 Zwiebel (50 g)
1 EL Butterschmalz
50 ml Weißwein oder weißer Wermut (z. B. Noilly Prat)
200 g Sahne (30 % Fett)
2–3 TL Sahnemeerrettich
1 Spritzer Zitronensaft
1 Prise Salz
1 Prise schwarzer Pfeffer aus der Mühle

Den Backofen auf 175 °C Umluft vorheizen. • Für den Fisch zwei Stücke Alufolie (jeweils doppelt so lang wie die Forelle) übereinanderlegen und mittig 1 EL **Olivenöl** als Streifen gießen. Die **Zitronen** waschen, in dünne Scheiben schneiden und die Hälfte davon nebeneinander auf dem Öl platzieren. Den **Dill** waschen, trocken schütteln und drei Stängel davon darauflegen. **Salzen** und **pfeffern.** • Den **Fisch** abbrausen, mit Küchenpapier trocken tupfen und auf dem Zitronen-Dill-Bett platzieren, dann innen mit ½ EL **Olivenöl** bestreichen, **salzen, pfeffern** und mit der Hälfte der restlichen Zitronenscheiben und zwei Stängeln Dill füllen. Die obere Seite der Lachsforelle mit übrigem **Öl** bestreichen und mit restlichen Zitronenscheiben und restlichem Dill belegen. Die Alufolie darüberschlagen, die Ränder verschließen. Im vorgeheizten Backofen 35–40 Minuten glasig garen. • Für die Ofenkartoffeln die **Kartoffeln** gut waschen, ungeschält vierteln, kräftig mit **Salz** würzen, mit dem **Olivenöl** beträufeln und mischen. Auf ein mit Backpapier ausgelegtes Backblech geben und auf der oberen Schiene (über der Forelle) etwa 35 Minuten mitrösten. • Inzwischen für die Rahmsauce die **Zwiebel** schälen, sehr fein würfeln, mit dem **Butterschmalz** in einen Topf geben und bei mittlerer Hitze mindestens 5 Minuten glasig dünsten, zwischendurch umrühren. Mit **Weißwein** ablöschen und einköcheln lassen. Die **Sahne** angießen, den **Meerrettich** unterrühren und 10 Minuten bei niedriger Hitze köcheln lassen. Mit dem Stabmixer glatt pürieren. Mit **Zitronensaft, Salz** und **Pfeffer** abschmecken und kurz vor dem Servieren in eine Sauciere füllen. • Forelle und Kartoffeln aus dem Ofen nehmen und mit der Sauce servieren.

Nährwerte für 1 Portion: 959 kcal – 65 g F, 46 g E, 40 g KH, 6 g B

GLUTENFREI

TIPP Wer es besonders würzig mag, füllt die Forelle noch mit fein geschnittenen Knoblauchscheiben.

SCHNELLER DIP STATT SAUCE 100 g Schmand und 2 TL Sahnemeerrettich verrühren und mit Salz, Pfeffer und etwas Zitronensaft abschmecken.

20 Minuten plus mind. 60 Minuten Garzeit

Spaghetti Bologneseа

Für 2 Personen

2 Zwiebeln (insgesamt 110 g)
2 Knoblauchzehen
3 EL Olivenöl
400 g Rinderhackfleisch
100 g Tomatenmark
800 g stückige Tomaten aus der Dose
½ TL Zucker
Salz
schwarzer Pfeffer aus der Mühle
Chilipulver, Chiliflocken oder Chilisauce (z. B. Sriracha-Chilisauce) nach Geschmack
200 g Spaghetti
einige Basilikumblätter

Zwiebeln und **Knoblauchzehen** fein würfeln, mit 2 EL **Olivenöl** in einen Topf geben und bei kleiner Hitze 5 Minuten unter gelegentlichem Rühren glasig dünsten. In eine Schale geben und beiseitestellen. • Das restliche **Öl** im Topf erhitzen und das **Hackfleisch** darin kurz scharf und krümelig anbraten. Das **Tomatenmark** dazugeben und kurz mitrösten. Dann den Zwiebel-Knoblauch-Mix zurück in den Topf geben, **Tomaten** und **Zucker** einrühren und mit **Salz** würzen. Den Deckel schräg aufsetzen und das Bolognese-Ragout mindestens 60 Minuten köcheln lassen, dabei zwischendurch umrühren. Zum Schluss kräftig mit **Pfeffer** und **Chili** abschmecken und nach Belieben nachwürzen. • Inzwischen **Salzwasser** in einem Topf zum Kochen bringen und die **Spaghetti** darin nach Packungsangabe al dente garen. Die **Basilikumblätter** abbrausen und trocken tupfen. • Die Spaghetti in ein Sieb abgießen, in zwei tiefe Teller geben und mit dem Bolognese-Ragout toppen. Mit Basilikum garnieren und genießen.

TIPP Durch das lange Kochen bekommt das Ragout einen intensiv-kräftigen Geschmack. Wer das Ragout besonders fest haben möchte, lässt es zum Ende 15 Minuten ohne Deckel einköcheln.

VARIANTE MIT GEMÜSE Ich gebe gern Gemüse zum Ragout, je nachdem, was gerade da ist, zum Beispiel Paprikawürfel, klein geschnittene Pilze oder Zucchini oder dünne Karottenstreifen. Es geht ganz einfach: 300 g klein geschnittenes gemischtes Gemüse nach Wahl zum gedünsteten Zwiebel-Knoblauch-Mix in den Topf geben und weitere 5 Minuten dünsten oder nach Wunsch ganz leicht anbraten, damit sich Röstaromen bilden. Dann in eine Schale geben, beiseitestellen und wie oben angegeben fortfahren.

Nährwerte für 1 Portion: 929 kcal – 35 g F, 60 g E, 92 g KH, 13 g B

Bolognese geht immer! Sie schmeckt der ganzen Familie und eignet sich sogar als wunderbare Resteverwertung – ich gebe gern noch etwas klein geschnittenes Gemüse ins Ragout, das einfach mitschmort. Der Klassiker bei einem Bolognese-Ragout sind Sellerie und Karotten. Aber auch Paprika, Pilze oder Zucchini funktionieren sehr gut.

GLUTENFREI

FREI VON RAFFINIERTEM ZUCKER

Hühnerfrikassee gab es regelmäßig bei meiner Oma aus Herzberg. Dort habe ich es lieben gelernt. Leider vergisst man als junger Mensch oft, die Omas nach den Rezepten zu fragen, bevor sie von uns gehen. Das ist meine Hühnerfrikassee-Variante: superlecker und superschnell (im Vergleich zu einem originalen Frikassee).

25 Minuten

Express-Hühnerfrikassee
mit Curry und Bacon-Chips

Für 2 Personen

FÜR DAS FRIKASSEE

1 Gemüsezwiebel (130 g)
1 Knoblauchzehe
1 EL Olivenöl
2 große Maishähnchenbrustfilets (à 250 g)
Salz
1 TL Currypulver
350 ml Gemüse- oder Hühnerbrühe
50 ml Weißwein
200 g Kräuter-Doppelrahm-frischkäse
250 g TK-Erbsen
2 große Karotten (insgesamt 240 g)
2 Msp. Biozitronenschale
schwarzer Pfeffer aus der Mühle

FÜR BACON-CHIPS UND GARNIERUNG

4 Scheiben Bacon (insgesamt 40 g)
½ Bund Schnittlauch
1 Msp. Currypulver

Für das Frikassee die **Gemüsezwiebel** schälen und in feine Streifen schneiden. Die **Knoblauchzehe** schälen und sehr fein würfeln, zerdrücken oder reiben. Beides mit dem **Olivenöl** in einen großen Topf geben und bei niedriger Hitze etwa 5 Minuten unter gelegentlichem Rühren glasig dünsten. • Inzwischen die **Maishähnchenfilets** abbrausen, mit Küchenpapier trocken tupfen und in 2 cm dicke, mundgerechte Streifen schneiden. **Salzen,** mit **Currypulver** bestäuben und mit den Händen gut verteilen. Die Hähnchenstreifen mit in den Topf geben und bei mittlerer Hitze anbraten, dabei aufpassen, dass die Gewürze nicht verbrennen. Die Hitze reduzieren und auf niedriger Stufe 8–10 Minuten ohne Deckel schonend garen. • Währenddessen für die Bacon-Chips den **Bacon** in einer beschichteten Pfanne knusprig braten und auf Küchenpapier abtropfen lassen. Das Bacon-Fett aufbewahren. • **Brühe, Weißwein** und **Frischkäse** in die Hähnchenmischung rühren und zum Köcheln bringen. Die **Erbsen** hinzufügen und 5 Minuten offen köcheln lassen. Inzwischen die **Karotten** schälen, mit dem Julienneschneider in feine Streifen hobeln, in das Frikassee rühren und 1 Minute ziehen lassen. Die **Zitronenschale** hinzufügen und mit **Salz** und **Pfeffer** kräftig abschmecken. • Die knusprigen Bacon-Scheiben zu groben Chips zerbröseln. Den **Schnittlauch** waschen, trocken schütteln und in feine Ringe schneiden. • Das Hühnerfrikassee in zwei Schalen füllen, mit Bacon-Chips und Schnittlauch garnieren und mit **Currypulver** bestäuben. Einige Tropfen wunderbar rauchig schmeckendes Bacon-Fett aus der Pfanne darübergeben und zum Löffeln servieren.

Nährwerte für 1 Portion: 997 kcal – 62 g F, 67 g E, 28 g KH, 15 g B

VEGETARISCH

Beim großen Promibacken-Spezial habe ich eine superleckere Carrot-Cake-Torte gebacken, die die Juroren geliebt haben. Aus diesem Rezept habe ich dann dieses leckere Dessert entwickelt. Das ist der leckerste Carrot Cake ever!

40 Minuten plus 35–40 Minuten Backzeit und Auskühlzeit (evtl. über Nacht)

Carrot-Cake-Dessert mit Cream-Cheese-Frosting und karamellisierten Walnüssen

Für 8 Portionen

FÜR DEN CARROT CAKE

200 g Sonnenblumenöl plus etwas mehr zum Einfetten
2 Eier (Größe M)
150 g Zucker
1 TL gemahlener Zimt
2–3 Karotten (insgesamt 250 g)
65 g Walnusskerne
200 g Weizenmehl (Type 405)
10 g Backpulver

FÜR DIE KARAMELL-WALNÜSSE

1 EL flüssiger Honig
80 g Walnusskerne
1 Prise Salz

FÜR DAS FROSTING

125 g Puderzucker
3 Msp. abgeriebene Biolimettenschale
½ TL Vanilleextrakt
200 g zimmerwarme, weiche Butter
100 g zimmerwarmer Doppelrahmfrischkäse
100 g zimmerwarmer Mascarpone (80 % Fett)

AUSSERDEM

runde Springform (Ø 26 cm)
Spritzbeutel mit Lochtülle

Den Backofen auf 175 °C Umluft vorheizen. Den Boden der Springform mit Backpapier auslegen und den Rand mit **Öl** einfetten. • Für den Carrot Cake **Sonnenblumenöl, Eier, Zucker** und **Zimt** in die Schüssel der Küchenmaschine geben und auf mittlerer Stufe 2–3 Minuten aufschlagen. • Inzwischen die **Karotten** schälen und grob raspeln. Die **Walnüsse** grob hacken und beides vermengen. **Mehl** und **Backpulver** sieben, nach und nach unter die Eiermischung rühren. Den Karotten-Walnuss-Mix unter den Teig heben, in die vorbereitete Springform füllen und im vorgeheizten Ofen 35–40 Minuten backen. • Währenddessen für die Karamell-Walnüsse den **Honig** über die **Walnüsse** träufeln, mit **Salz** bestreuen und vermengen. Auf ein mit Backpapier ausgelegtes Backblech streichen und im Ofen auf der obersten Schiene (über dem Carrot Cake) 8–10 Minuten karamellisieren. Herausnehmen und auskühlen lassen. • Den Carrot Cake aus dem Ofen nehmen, kurz abkühlen lassen, dann den Formrand lösen und vollständig auskühlen lassen (am besten über Nacht). • Zum Servieren den Carrot Cake etwa 3 cm groß würfeln. Die Randstücke entweder zerbröseln und zum Garnieren verwenden oder später naschen. • Für das Frosting den **Puderzucker** in die Schüssel der Küchenmaschine sieben, **Limettenschale, Vanille** und **Butter** hinzufügen und 1 Minute langsam aufschlagen. Die Geschwindigkeit erhöhen und 1 weitere Minute kräftig aufschlagen, sodass die Creme Struktur bekommt. **Frischkäse** und **Mascarpone** langsam einrühren, damit die Struktur des Frostings erhalten bleibt. • Das Frosting in den Spritzbeutel mit Lochtülle füllen. Jeweils etwa fünf Carrot-Cake-Würfel in acht Dessertschalen geben und mit kleinen Frosting-Tupfern toppen. • Die Karamell-Walnüsse grob hacken und darauf verteilen. Nach Belieben mit Carrot-Cake-Bröseln bestreuen und genießen.

Nährwerte für 1 Portion: 869 kcal – 67 g F, 9 g E, 59 g KH, 4 g B

60 Minuten plus 20 Minuten Backzeit und mind. 7 ½ Stunden Kühlzeit (evtl. über Nacht)

Meine liebste **Schokoladen-Himbeer-Tarte**

Ergibt 12 Stücke

FÜR DEN MÜRBETEIG
220 g Weizenmehl (Type 405)
70 g Zucker
1 Prise Salz
130 g kalte Butter plus etwas mehr zum Einfetten
1 Eigelb (Größe M)

FÜR DIE HIMBEERFÜLLUNG
500 g TK-Himbeeren
40 g Zucker
3 Blätter Gelatine
100 g Vollmilchkuvertüre

FÜR DIE SCHOKOFÜLLUNG
350 g Vollmilchkuvertüre
150 g Mascarpone (80 % Fett)
100 g Sahne (30 % Fett)
1 Vanilleschote

ZUM DEKORIEREN
150 g frische Himbeeren
50 g Milchschokolade

AUSSERDEM
runde Springform (Ø 26 cm)
200 g getrocknete Hülsenfrüchte (z. B. getrocknete Bohnen)

Für den Mürbeteig **Mehl, Zucker** und **Salz** in einer Schüssel vermengen. Die **Butter** klein würfeln, mit dem **Eigelb** zur Mehlmischung geben und schnell zu einem krümeligen Teig kneten. Zu einer Kugel formen, in Frischhaltefolie wickeln und 30 Minuten kalt stellen. • Den Backofen auf 180 °C Umluft vorheizen. Den Boden der Springform mit Backpapier auslegen, den Rand **einfetten.** • Den Teig in die Form geben, andrücken und einen 4 cm hohen Rand formen. Mit einer Gabel mehrfach einstechen, Backpapier darauflegen und die **Hülsenfrüchte** einfüllen. Im vorgeheizten Ofen 20 Minuten backen. • Herausnehmen, Papier mit Hülsenfrüchten entfernen und den Boden mindestens 2 ½ Stunden auskühlen lassen. Aus der Form lösen und auf eine Tortenplatte geben. • Für die Himbeerfüllung **TK-Himbeeren** und **Zucker** in einem Topf unter gelegentlichem Rühren aufkochen. Etwas abkühlen lassen. • Inzwischen die **Gelatine** in Wasser etwa 5 Minuten einweichen. Ausdrücken, in die warme, aber nicht mehr kochende Himbeermischung geben und rühren, damit sich die Gelatine auflöst. • Die **Kuvertüre** hacken, im heißen Wasserbad schmelzen, dünn auf dem Teigboden verstreichen und 30 Minuten kalt stellen. • Die Himbeerfüllung noch mal durchrühren, auf dem Schokoboden verstreichen und kalt stellen. • Für die Schokofüllung die **Kuvertüre** grob hacken. **Mascarpone** und **Sahne** in einen Topf geben. **Vanilleschote** längs aufschneiden und das Mark herauskratzen. Mark und Schote in den Topf geben und unter Rühren langsam zum Kochen bringen. Vom Herd nehmen, Vanilleschote entfernen, gehackte Kuvertüre zugeben und unter Rühren auflösen. Die Schokocreme auf der Himbeerfüllung verteilen und mindestens 4 Stunden kalt stellen (am besten über Nacht). • Zum Dekorieren die **Himbeeren** abbrausen, trocken tupfen und auf die Tarte setzen. Die **Schokolade** grob darüberhobeln.

Nährwerte für 1 Portion: 520 kcal – 32 g F, 7 g E, 47 g KH, 3 g B

VEGETARISCH

Obwohl ich 2019 das große Promibacken gewonnen habe, muss ich zugeben: Eine leidenschaftliche Bäckerin bin ich nicht. Ich bin einfach mehr für herzhaft als für süß. Große Ausnahme allerdings, wenn es um diese Schoko-Himbeer-Tarte geht. Ich backe sie schon seit vielen Jahren zu besonderen Anlässen – und wenn sich meine Familie einen Kuchen wünscht, dann ist es immer dieser. Große Schoko-Himbeer-Liebe!

TIPPS Die Hülsenfrüchte können mehrfach zum Blindbacken verwendet werden. Wichtig: Den Teig nur kurz kneten, damit er nicht warm wird. Die Schokoschicht auf dem Teigboden verhindert, dass die Früchte den Boden aufweichen.

10 Minuten plus 25–30 Minuten Backzeit und 10 Minuten Abkühlzeit

Schneller **Apfel-Hafer-Crumble**

Für 2 Personen

2 mittelgroße Äpfel (insgesamt 300 g)
4 EL kernige Haferflocken
1 Pck. Vanillezucker
1 Prise Salz
3 EL Dinkelvollkornmehl
1 EL Ahornsirup
2 EL Butter in kleinen Flöckchen

FÜR DIE TRENNUNG

2 Portionsauflaufformen (ca. Ø 10 cm; alternativ 1 größere Form)

Den Backofen auf 175 °C Umluft vorheizen. • Die **Äpfel** schälen, entkernen, fein würfeln und in die beiden kleinen Auflaufformen geben. • Die restlichen **Zutaten** in eine Schüssel geben, mit den Fingern schnell zu einem Teig verkneten und zu Streuseln zerkrümeln. Die Streusel gleichmäßig auf den Äpfeln verteilen. • Die Formen im vorgeheizten Ofen auf die mittlere Schiene setzen und 25–30 Minuten backen. Falls die Streusel zu dunkel werden, gegen Ende der Backzeit mit Alufolie abdecken. • Herausnehmen, etwa 10 Minuten abkühlen lassen und den Apfel-Hafer-Crumble in den Formen lauwarm servieren.

TIPP Dazu passt sowohl eine Kugel Vanilleeiscreme als auch sahnige Vanillesauce.

Äpfel liegen bei uns zu Hause immer rum. Ich esse sogar abends vor dem Fernsehen noch gern einen Apfel. Wenn sie schon etwas reifer sind, bereite ich am Wochenende einen Crumble zu. Das geht supereasy und ist einfach megalecker.

Nährwerte für 1 Portion: 269 kcal – 10 g F, 5 g E, 33 g KH, 3 g B

VEGETARISCH

ANHANG

Rezept- und Zutatenregister

Rezeptregister

Zutatenregister

Du suchst ein ganz bestimmtes Gericht oder nach einer Zubereitungsidee für vorrätige Zutaten? Das Register hilft dir schnell weiter: Alle Rezepte aus diesem Buch und die wichtigsten Komponenten sind hier alphabetisch gelistet.

Verlagsdank

Liebe Franziska, dein Knuppe-Prinzip hat uns im Verlag gepackt und nicht mehr losgelassen. Es ist so simpel und so effektiv, dass es fast schon revolutionär ist. Deine Begeisterung fürs Thema „Food“ und die Lust am Genuss sieht man dir zwar nicht an (und genau das ist ja der Punkt!), doch sobald wir mit dir gesprochen hatten, war der Funke auf uns übergesprungen. Danke für deine ansteckende Art und deinen persönlichen Input und dafür, dass du dieses schöne Projekt mit uns umgesetzt hast. Herzlichen Dank, Stefanie Hiekmann, für dein Engagement bei den köstlichen und erfrischend modernen Rezepten. Stephanie Nauber, ganz lieben Dank für deine Unterstützung bei den Texten und für deine unermüdliche Bereitschaft, sie gemeinsam vollends auf den Punkt zu bringen.

Uli Lindenthal-Lazhar, du hast beim Autorinnen-Shooting zusammen mit Victor und Zilvinas einen großartigen Job gemacht. Vielen Dank für euren Einsatz, für Professionalität und Spontaneität, für Licht und Leichtigkeit am Set. Sutida Vestewig, vielen Dank für Haare und Make-up. Danke, Kasia Swiezak und Marius Bell, dass ihr uns dafür euer wunderschönes „Scheunenhaus am See“ in Uckerfelde zur Verfügung gestellt habt.

Hubertus Schüler, Stefan Mungenast und Benedikt Obermeier, wir danken euch für tolle Food-Fotos, die einem das Wasser im Mund zusammenlaufen lassen. Wir bedanken uns bei dir, Patrick Lazhar, für die großartige Unterstützung in allen Belangen, deine reibungslose Organisation im Hintergrund ist wirklich Gold wert. Vielen lieben Dank, Viola Marschall, für die Nährwertermittlung. Ganz herzlichen Dank an Şebnem Yavuz für das Rezeptlektorat und an Doreen Köstler für das Schlusslektorat.

Der Verlag dankt allen Beteiligten, die durch ihre Mithilfe und Unterstützung zum Gelingen dieses Buches beigetragen haben. Für ihre unermüdlichen Bemühungen um die außerordentliche Qualität danken wir unseren Mitarbeiterinnen und Mitarbeitern Justyna Schwertner, Valerie Mayer, Katharina Ibach, Annika Koch, Markus Neis, Annika Steinacker und Katerina Stegemann.

Autorendank

Ich koche für mein Leben gern. Das wurde mir durch meinen Papa in die Wiege gelegt. Aus diesem Grund ist er der Erste, dem ich Danke sagen möchte. Durch ihn habe ich Kochen gelernt – und die Liebe zu genießen. Danke an meine wunderbare Familie, meinen Mann Christian und meine Tochter Mathilda, die mir immer ehrlich sagen, ob es schmeckt, und mich in meinem Beruf und bei diesem Buchprojekt unterstützt haben.

Danke an meinen Agenten Patrick, der mir seit 25 Jahren beruflich zur Seite steht, auch bei diesem Projekt die Schnittstelle war und mir ab und zu „in den Hintern getreten" hat.

Mein größter Dank gilt natürlich dem Becker Joest Volk Verlag – dessen Geschäftsführern Johanna Hänichen und Ralf Joest sowie dem gesamten Verlagsteam – für die wundervolle Zusammenarbeit, an Stefanie Hiekmann, mit der ich die leckeren Rezepte entwickelt habe, und an Stephanie Nauber für die tolle Unterstützung bei den Texten.

Liebsten Dank an Ulrich Lindenthal-Lazhar und sein Team, die mich hier wie schon viele Male zuvor ins schönste Fotolicht gerückt haben.

Danke auch an das gesamte Foodfoto-Team, das meine Rezepte in leckere Kunstwerke verwandelt hat.

Auch wenn ich nicht alle namentlich erwähnt habe, hat jeder Einzelne, der am „Knuppe-Prinzip" mitgearbeitet hat, einen wundervollen Beitrag dazu geleistet.

Impressum

Originalausgabe
Becker Joest Volk Verlag GmbH & Co. KG
Bahnhofsallee 5, 40721 Hilden, Deutschland

1. Auflage April 2023
ISBN 978-3-95453-289-6

WWW.MENGENRECHNER.DE
UNSER KOSTENLOSER SERVICE FÜR SIE

Ausführliche Infos
Seite 191

TEXT Franziska Knuppe (c/o www.model-management.de), Stephanie Nauber
REZEPTE Franziska Knuppe, Stefanie Hiekmann
FOOD-FOTOGRAFIE Hubertus Schüler
ASSISTENZ FOOD-FOTOGRAFIE Benedikt Obermeier
FOODSTYLING Stefan Mungenast
PORTRÄTFOTOS Ulrich Lindenthal-Lazhar
LAYOUT UND BUCHSATZ Justyna Schwertner
PROJEKTLEITUNG Valerie Mayer
BILDBEARBEITUNG Markus Neis, Ulrich Lindenthal-Lazhar
FACHLEKTORAT REZEPTE Şebnem Yavuz
LEKTORAT Doreen Köstler
DRUCK Firmengruppe Appl, aprinta druck GmbH

Credits Grafiken
iStock: Seiten 11, 21, 25, 27, 31, 33, 34, 38, 45, 46, 47, 83, 127, 180

BECKER JOEST VOLK VERLAG
www.bjvv.de